날마다 111 전도

날마다 111 전도

지은이 | 장경문
초판 발행 | 2018년 7월 18일
6쇄 발행 | 2025. 2. 2 5
등록번호 | 제 1988-000080호
등록된 곳 | 서울특별시 용산구 서빙고로65길 38 두란노빌딩
발행처 | 사단법인 두란노서원
영업부 | 2078-3352 FAX 080-749-3705
출판부 | 2078-3331

책 값은 뒤표지에 있습니다.
ISBN 978-89-531-3203-0 03230

독자의 의견을 기다립니다.
tpress@duranno.com   http://www.Duranno.com

두란노서원은 바울 사도가 3차 전도여행 때 에베소에서 성령 받은 제자들을 따로 세워 하나님의 말씀으로 양육하던 장소
입니다. 사도행전 19장 8-20절의 정신에 따라 첫째 목회자를 돕는 사역과 평신도를 훈련시키는 사역, 둘째 세계선교(TIM)
와 문서선교(단행본·잡지) 사역, 셋째 예수문화 및 경배와 찬양 사역, 그리고 가정·상담 사역 등을 감당하고 있습니다.
1980년 12월 22일에 창립된 두란노서원은 주님 오실 때까지 이 사역들을 계속할 것입니다.

장경문
지음

최고의 행복을
전하자

날마다
111
전도

두란노

목차

part 1

사랑하는 이에게 주는
가장 큰 선물, 전도

part 2 전도자가
갖추어야 할 자세

part 3 　전도 중에 만나는
　　　　반대 질문들

part 4

최고의 행복을
전하자

성도들이 가장 힘들어하는 영역이 바로 전도입니다. 자신의 믿음을 다른 사람에게 전하는 것은 쉬운 일이 아닙니다. 이를 극복하는 힘은 성령의 능력이요, 영혼에 대한 사랑이요, 하나님께 대한 순종에서 나옵니다. 장경문 장로님은 전도를 삶 속에서 실천하는 전도자입니다. 그는 의사로서 만나는 모든 환자들에게 가장 쉬운 언어로 가장 명확하게 5분 안에 복음을 전해 지역교회로 인도하는 전도자입니다. 병자를 고치는 기쁨보다 영혼을 구원하는 기쁨을 더 크게 경험하고 있는 분입니다. 그래서 이 책은 매우 귀합니다. 수십 년 전도자의 삶 속에서 체험된 복음과 전도 간증을 담고 있기 때문입니다. 이 책을 읽어가다 보면 가장 어렵게 느껴지는 전도가 가장 하고 싶은 일이 될 것입니다. 한국 교회 모든 성도들과 목회자들이 읽고 도전 받아 구령의 열정으로 불타오르는 일이 일어나기를 소망하면서 이 책을 추천합니다.

이재훈 (온누리교회 담임목사)

여기에 항아리가 있습니다. 하나는 간장독이고, 다른 하나는 된장독이고, 또 하나는 고추장독입니다. 같은 모양의 항아리가 다른 이름을 가진 것은 그 내용물 때문입니다. 결국 내용물이 그 독의 이름을 결정하는 것입니다. 간장독에 가까이 가면 간장 냄새가 납니다. 내용물이 없는 빈 독이더라도 냄새는 오래 남아서 간장독인지 된장독인지 알 수 있습니다. 마찬가지로 예수쟁이에게는 예수님의 향기가 납니다. 저는 장경문 장로님을 뵐 때마다 예수님의 진한 향기를 맡습니다. 그리고 저뿐 아니라 많은 이들이 장로님을 통해 예수님의 향기에 물듭니다. 장로님의 마음속에 성령님이 계시기 때문입니다.

장경문 장로님은 하나님을 사랑하며 동시에 사람을 사랑하는 분입니다. 이러한 마음 밭은 제가 시무하는 인천대은교회의 뿌리와 같은 故 장인수 장로님(父)과 故 손일순 장로님(母)에게서 물려받은 귀중한 신앙의 유산인 줄 알고 있습니다. 저는 지금도 두 분 장로님의 성함을 들으면 가슴이 설렙니다.

장경문 장로님은 분명 부모님의 전도 DNA를 타고나셨습니다. 하나님을 사랑하고, 사람을 사랑하니 예수님을 전하지 않을 수가 없는 것입니다. 그래서 그의 환자들은 육체적인 질병만 치료 받는 게 아니라 영혼까지 치유 받습니다. 실제로 인천대은교회에 등록한 새신자들에게서 이런 말을 자주 듣습니다.

"가정동에 있는 장내과 원장님이 예수님 믿으면 행복해지고 건강해진다며 인천대은교회를 소개해 주셨어요."

많은 이들이 장로님의 전도 이야기를 통해 영혼 구원의 열정이 다시 불일 듯 일어나길 소망합니다. 부디 많은 이들이 이 책을 읽고 예수의 향기로 물들이는 삶의 이야기를 써 내려갈 수 있기를 주님의 이름으로 축복합니다.

전명구(기독교대한감리회 감독)

잃어버린 영혼을 기다리는 아버지

하나님은 자신에게 예배드리는 의인 99명보다 회개하고 돌아오는 한 영혼을 보시고 더 기뻐하신다(눅 15:7). 그래서 나는 하나님이 기뻐하시는 일 중에서 가장 기뻐하시는 일을 전도(영혼 구원)라고 생각한다. 전도는 하나님께만 기쁨을 주는 것이 아니라 전도자에게도 기쁨을 준다. 아무리 힘든 일을 만나도 전도는 내 삶에 기쁨과 평안을 준다.

2011년에 출간한 《영혼을 살리는 의사》를 쓴 후 나는 더 이상 책을 쓸 이유는 없을 거라고 생각했다. 그런데 시간이 지나면서 계속 깨닫게 되는 영혼 구원에 대한 하나님의 절절한 마음과 그리스도인이라면 왜 전도해야 하는지를 다시 전하고 싶었고, 그동안 전도 현장에서 성공하고 실패하며 얻게 된 경험들도 함께 나누고 싶었다.

또한 '최고의 행복' 전도지 제작에 함께 참여했던 사람으로서 전도지에 담겨 있는 하나님의 마음을 전하고 싶었다. 그리고 하루에(1) 한 명(1) 이상에게 유일하신 예수님(1)을 전하는 '111 전도 운동'도 널리 퍼졌으면 하는 마음이다.

현대인의 질병 70-80%는 스트레스와 직접 또는 간접적으로 관련되어 있다.

나는 내과의사이기에 스트레스와 관련된 질병으로 내원하는 환자들을 많이 진료한다. 불안과 두려움 그리고 육체적인 질병을 갖고 살아가는 그들에게 가장 필요한 것이 예수님이라는 생각이 든다. 그런데 그들을 위해 복음을 전하다 보면 오히려 축복이 나에게 오는 것을 경험한다. 하나님과의 관계도 회복되고, 나에게 평안도 오고,

또한 어떤 힘이 나의 삶과 우리 가정을 지켜주는 것을 경험하곤 한다. 이 책을 통해 많은 그리스도인들이 복음 전파에 동참하기를 소망한다.

실제 나 자신을 바라보면 너무나도 부족하다. '어떻게 나 같은 사람이 하나님께서 귀하게 생각하시는 전도에 관한 책을 쓸 수 있을까?'라는 생각이 든다. 그러나 '나는 의인을 부르러 온 것이 아니요 죄인을 부르러 왔다'는 예수님의 말씀에 힘을 얻었다. 한편으로 하나님께서 기뻐하시는 전도에 관한 책을 다시 쓰게 된 것이 너무 감사하고 마음이 설렌다.

책의 내용은 주로 온누리 전도학교에서 강의한 것과 개인적으로 전도하면서 경험한 이야기들로 구성되었다.

전도 책을 쓰도록 격려해 주신 故 하용조 목사님, 온누리 전도학교의 큰 틀을 잡아 주시고 힘들 때 옆에서 항상 도와주신 이재훈 목사님 그리고 이제는 하늘나라에 계신 부모님 대신 우리 가정의 영적인 아버지처럼 기도해 주시는 전명구 목사님께 감사드린다.

최선을 다해 온누리 전도학교를 섬겨 주신 양재경 담당 목사님, 전도학교에서 헌신적으로 섬기고 있는 사랑하는 권사님, 집사님들께도 감사드린다. 또한 돕는 배필로서 항상 곁에서 말없이 도와주고 있는 아내에게도 고맙다는 말을 전하고 싶다. 끝으로 이 책이 나오도록 수고해 준 두란노서원 관계자 여러분께 감사드린다.

이 책을 통한 모든 영광은 잃어버린 영혼을 지금도 기다리고 계시는 하나님 아버지께만 돌아가길 진실로 소망한다.

2018년 7월
장경문

part 1

사랑하는 이에게 주는
가장 큰 선물,
전도

chapter 1

하나님 아버지의
마음

잃어버린 한 영혼에 대한

하나님 아버지의 마음

◇◇◇

다음 문제를 풀어 보라.

100-1=? 10-1=? 2-1=?

이 질문에 대한 답은 99, 9, 1이다. 그렇다면 하늘나라에서도 같은 답일까? 누가복음 15장에 나오는 세 가지 비유를 보면 하나님은 세상의 답과는 다르게 모두 0이라고 말씀하신다.

첫 번째 비유를 보자. 100마리 양 중에서 한 마리 양을 잃어버린 주인은 마치 전부를 잃어버린 것처럼 양 99마리를 들에 두고 나머지 한 마리를 찾기 위해 나선다. 주인은 잃어버린 양 한 마리를 발견할 때까지(끝까지) 찾았다.

> 너희 중에 어떤 사람이 양 백 마리가 있는데 그중의 하나를
> 잃으면 아흔아홉 마리를 들에 두고 그 잃은 것을 찾아내기
> 까지 찾아다니지 아니하겠느냐 눅 15:4

두 번째 비유도 마찬가지다. 10개의 동전을 갖고 있던 사람이 동전 한 개를 잃어버렸는데 그 동전이 마치 자기 재산의 전부인 양 끝까지 찾는 모습을 볼 수 있다.

> 어떤 여자가 열 드라크마가 있는데 하나를 잃으면 등불을
> 켜고 집을 쓸며 찾아내기까지 부지런히 찾지 아니하겠느냐
> 눅 15:8

이 두 비유에서 잃어버린 하나를 찾은 주인은 모든 것을 얻은 것처럼 기뻐서 잔치를 벌인다.

> 또 찾아낸즉 즐거워 어깨에 메고 집에 와서 그 벗과 이웃을 불러 모으고 말하되 나와 함께 즐기자 나의 잃은 양을 찾아내었노라 하리라 눅 15:5-6

> 또 찾아낸즉 벗과 이웃을 불러 모으고 말하되 나와 함께 즐기자 잃은 드라크마를 찾아내었노라 하리라 눅 15:9

성경은 이 주인의 마음이 곧 하나님의 마음이라고 말씀한다.

> 내가 너희에게 이르노니 이와 같이 죄인 한 사람이 회개하면 하늘에서는 회개할 것 없는 의인 아흔아홉으로 말미암아 기뻐하는 것보다 더하리라 눅 15:7

> 내가 너희에게 이르노니 이와 같이 죄인 한 사람이 회개하면 하나님의 사자들 앞에 기쁨이 되느니라 눅 15:10

세 번째 비유에서도 잃어버린 한 영혼에 대한 하나님의 마음을 볼 수 있다.

어느 집에 두 아들이 있는데 둘째 아들이 아버지에게 자신이 상속받을 재산을 미리 달라고 한다. 둘째 아들은 아버지에게 받은 자기의 전 재산을 가지고 먼 나라로 떠나 그곳에서 허랑방탕하게 지내며 재산을 모두 탕진한다. 나중에는 먹을 것마저 없어 돼지가 먹는 음식으로 허기를 채우다가 자신의 아버지가 생각났다. 그는 아버지 집으로 발걸음을 돌린다.

이때 집 나갔던 둘째 아들을 대하는 아버지의 마음이 자세하게 나온다.

저 멀리 터덜터덜 걸어오는 둘째 아들을 아버지는 기가 막히게 발견한다. 매일 아들이 돌아오길 간절히 기다렸던 아버지는 멀리서도 아들을 알아본 것이다. 아버지는 달려가 목을 안고 입을 맞춘다(눅 15:20). 돌아온 탕자에 대한 아버지의 사랑은 계속된다. 많은 사람들 앞에서 '누가 뭐라고 해도 너는 내 아들이다'라는 징표로 제일 좋은 옷을 입히고 손에 가락지를 끼워 주며 발에 신을 신겨 준다. 성실하게 아버지 곁을 지킨 큰아들에게는 염소 새끼 한 마리 잡아 주지 않던 아버지는 자기 분깃을 다 탕진하고 돌아온 둘째 아들을 위해서 살진 송아지를 잡아 최고의 잔치를 벌인다. 그리고 사람들에게 "이 내 아들은 죽었다가 다시 살아났으며 내가 잃었다가 다시 얻었노라"고 말한다.

죽었던 아들이 다시 살아난다면 부모의 마음이 얼마나 기쁠까. 이 모습이 바로 돌아온 탕자에 대한 아버지의 마음이다.

이처럼 100명의 자녀를 둔 부모나 10명의 자녀를 둔 부모나 2명의 자녀를 둔 부모나 모두 하나같이 한 명의 자녀라도 잃어버리면 그 부모는 모든 것을 잃어버린 것과 같은 심정이 된다. 이것이 바로 잃어버린 한 영혼에 대한 하나님 아버지의 마음이다.

하나님은 왜 한 영혼도
포기하지 않고 기다리실까?

◇◇◇

하나님은 우리와 어떤 관계이기에 잃어버린 한 영혼에 대해 그토록 관심을 갖는 걸까? 이 질문의 답은 창세기 1장 27절의 "하나님이 자기 형상 곧 하나님의 형상대로 사람을 창조하시되"에 나와 있다.

스트레스로 위장병이 생겨 내원한 여자 환자에게 "예수님 믿고 교회에 나가면 마음에 평안이 올 것입니다"라고 말했더니 그녀는 "왜 사람들은 나만 보면 전도하는지 모르겠어요"라고 말했다. 그런 그녀에게 나는 창조주 하나님과 인간의 관계를 설명해 주었다. (실제 대화에서는 이름 뒤에 '님'을 붙여 말했지만 여기서는 '선생님'으로 호칭하겠다.)

"사람들이 선생님을 보면 어째서 그토록 전도하는지 말씀드리겠습니다. 예를 들어 어느 학생을 둔 부모가 있는데 그 자녀가 가출했다고 가정해 봅시다. 그 부모의 마음이 어떠할까요? 부모는 자녀의 친구들을 비롯해 수소문할 수 있는 모든 곳을 찾아다닐 것입니다. 나중에는 생업까지 포기하고 자녀를 찾아나설 것입니다. 자녀가 집에 돌아올 때까지 이사도 가지 않을 것입니다. 이 부모는 왜 집 나간 자기 자녀를 포기하지 않고 끝까지 찾을까요? 그것은 가출한 아이가 바로 자기 자식이기 때문입니다. 부모의 사랑은 본능입니다. 이성적으로 생각해서 자녀를 사랑하는 것이 아닙니다. 하나를 받았기 때문에 하나를 주는 그런 사랑이 아닙니다. 부모는 내 자식이라는 이유 하나로 조건 없이 자녀를 사랑합니다. 자녀에 대한 부모의 사랑이 어떠한지 아시지요?"

이 말에 환자분은 고개를 끄덕거리며 그렇다고 했다.

"하나님도 우리 사람을 이처럼 사랑하십니다. 하나님과 우리가 어떤 관계일까요? 성경에는 '하나님이 자기 형상 곧 하나님의 형상대로 사람을 창조하시되'라고 말씀하고 있습니다. 부모가 자기 자녀를 본능적으로 사랑하듯이 하나님은 자신의 형상과 모양대로 만든 사람을 그토록 사랑하십니다. 선생님은 하나님이 만드신 귀한 분입니다. 선생님은 하나님의 자녀이므로 하나님은 선생님이 돌아오기를 그토록 기다리시는 것입니다. 하나님은 영이시기에 육체가 없으셔서 먼저 믿은 우리를 통하여 선생님께 하나님의 사랑의 마음을 전하는 것입니다. 이제 먼저 믿은 그리스도인들이 선생님만 보면 전도하는 이유를 아시겠지요?"

그녀는 고개를 끄덕이며 이제 하나님의 마음을 조금 알겠다면서 진료실을 나갔다.

"열 손가락 깨물어 아프지 않은 손가락이 없다"는 옛말이 있다. 엄지든 중지든 약지든 모두 내 손가락이다. 열 자녀를 둔 부모가 사랑하지 않는 자녀가 없듯이 하나님은 우리 모두를 하나같이 사랑하셔서 한 영혼이라도 포기하지 않으신다.

chapter 2

전도는
예배다

전도는 나를

하나님과 연결해 주는 끈이다

◇◇◇

나는 순예배와 일대일을 좋아한다. 많은 교회에서 구역예배, 속회예배, 목장예배라고 부르는 순예배에는 하나님께 드리는 예배와 순식구들과 함께 나누는 교제가 있다.

하나님께 예배를 드리고, 일주일 동안 묵상했던 말씀과 삶을 순식구들과 함께 나누다 보면 세상의 모든 잡념이 사라진다. 세상 모임에는 대화 주제가 세상 기준이다 보니 모임 끝이 개운치 않다. 그러나 순예배에서는 하나님 말씀이 중심이 되므로 그 뒤끝이 개운하다.

내가 좋아하는 모임이 또 하나 있다. 바로 일대일이다. 순예배는 다수의 사람(6~10명)들로 구성되지만 일대일은 양육하는 양육자와 양육을 받는 동반자가 일주일에 한 번 만나《일대일 제자양육 성경공부》라는 책을 중심으로 말씀을 나누고 삶을 나누는 모임이다. 이 모임 역시 기쁨으로 넘친다. 이처럼 순예배와 일대일은 나를 하나님과 연결해 주는 귀한 끈이다.

나를 이 세상에서 보호해 주며 하나님께 연결해 주는 또 하나의 끈이 있다. 그것은 전도다. 전도는 영적 전쟁이기 때문에 먼저 몇 가지 준비를 해야 한다. 우선 복음을 효과적으로 전하기 위해서는 전도 대상자의 눈높이에 맞는 적절한 메시지가 있어야 한다. 또한 전도 대상자들이 하나님이나 기독교에 대해 궁금한 것을 물어보거나 부정적으로 질문(반대 질문)할 때 거기에 대해 적절하게 대답할 수 있어야 한다. 그리고 가장 중요한 것은 영혼 구원에 대한 마음(집중력)이다. 전도를 위해 준비하고 복음에 집중하다 보면 하나님과 더 깊이 교제할 수 있고 그럼으로써 나의 영적 상태가 회복된다. 더구나 전도의 열매를 보았을 때 마음속에서 솟아나는 기쁨은 이루 말할 수 없다. 그 기쁨은 내게 닥친 힘든 일마저 아무것도 아니게 만든다.

사람들은 축복 받고 싶어 한다. 나는 '나에게 가장 큰 축복은 무엇인가?'를 질문하곤 하는데 그때마다 결론은 하나님이 나와 함께하는 임마누엘이 가장 귀하고 큰 축복이라고 확신한다. 하나님이 나와 함께하는 것보다 더 큰 축복이 어디 있겠는가?

내가 힘들 때마다 묵상하는 말씀이 있다. "나는 포도나무요 너희는 가지라 그가 내 안에, 내가 그 안에 거하면 사람이 열매를 많이 맺나니 나를 떠나서는 너희가 아무것도 할 수 없음이라"(요 15:5)이다. 가지가 풍성한 열매를 맺게 된 것은 땅속에 있는 포도나무 뿌리에서 영양분을 공급 받기 때문이다. 만일 가지가 포도나무에 붙어 있지 않다면 그 가지는 스스로 열매를 맺을 수 없을 뿐만 아니라 말라 비틀어져 불쏘시개가 되고 말 것이다. 가지가 탐스런 열매를 맺기 위해 해야 할 가장 중요한 일은 포도나무에 붙어 있는 것이다. 이처럼 그리스도인들이 하나님께 붙어 있는 것은 매우 중요하다. 전도는 하면 할수록 포도나무에 붙어 있는 가지처럼 나를 하나님과 깊이 연결해 준다.

하나님이

기뻐 받으시는 예배

◇◇◇

전도에 관한 이야기를 하니 하늘에서 활짝 웃으며 기뻐하시는 하나님의 모습이 떠오른다.

하나님은 우리가 무엇을 할 때 기뻐하실까?

우리가 하나님께 예배드릴 때 기뻐하신다. 예배란 무엇일까? 예배는 히브리어의 '아바드' 또는 '솨하', 헬라어의 '프로스퀴네오'에서 나온 말로서 '종으로서 섬기다, 엎드리다, 발에 입맞추다, 숭배하다, 순종하다, 봉사하다' 등 여러 의미가 내포되어 있다. 즉 존경과 존귀를 받을 만한 가치가 있는 하나님께 존경과 영광을 올려드리는 것을 예배라고 할 수 있다. 구약시대 사람들은 예배의 행위로 제사를 드렸다. 신약시대에 예배라는 말은 예수님과 사마리아 여인의 대화에서 처음 나온다. 사마리아 여인은 예수님과 대화를 나누던 중 예수님이 보통 사람이 아니라 특별한 사람이라고, 즉 선지자라고 생각하게 된다. 그래서 평소 궁금히 여기던 예배에 대해 질문한다.

우리 조상들은 이 산 그리심산 에서 예배하였는데 당신들의 말은 예배할 곳이 예루살렘에 있다 하더이다 요 4:20

과연 예배를 어디에서 드려야 하는 거냐고 묻고 있는 것이다. 이 때 예수님은 예배는 장소와 형식이 중요한 것이 아니라면서 하나님은 영이시기 때문에 예배하는 자는 영과 진리로 예배해야 한다고 말씀하신다.

> 아버지께 참되게 예배하는 자들은 영과 진리로 예배할 때가 오나니 곧 이때라 아버지께서는 자기에게 이렇게 예배하는 자들을 찾으시느니라 하나님은 영이시니 예배하는 자가 영과 진리로 예배할지니라 요 4:23-24

그렇다면 영적 예배란 무엇일까?

로마서에서 사도 바울은 '우리 몸을 하나님이 기뻐하시는 거룩한 산 제물로 드리는 것'을 영적 예배라고 설명하고 있다.

> 그러므로 형제들아 내가 하나님의 모든 자비하심으로 너희를 권하노니 너희 몸을 하나님이 기뻐하시는 거룩한 산 제물로 드리라 이는 너희가 드릴 영적 예배니라 롬 12:1

그렇다면 예배의 패러다임이 예수님 시대에 갑자기 바뀌게 된 것인가?

하나님이 기뻐 받으시는 예배에 대한 말씀은 구약에서도 찾아볼 수 있다. 사울은 사무엘을 통해 아말렉 족속을 모두 진멸하라는 하나님의 말씀을 듣는다. 그러나 사울은 아말렉 족속과의 싸움에서 승리한 후 양과 소들 중에서 가장 좋은 것을 남겨 둠으로써 진멸하라는 하나님의 명령을 따르지 않는다. 사무엘이 사울왕에게 찾아가 그 이유를 묻자 사울은 "가장 좋은 소와 양으로 하나님께 제사를 드리기 위해서 남겨 놓았다"고 대답한다. 이때 사무엘이 사울에게 다음과 같이 말한다.

> 사무엘이 이르되 여호와께서 번제와 다른 제사를 그의 목소리를 청종하는 것을 좋아하심같이 좋아하시겠나이까 순종이 제사보다 낫고 듣는 것이 숫양의 기름보다 나으니
>
> 삼상 15:22

호세아서에서도 비슷한 내용이 나온다.

> 나는 인애를 원하고 제사를 원하지 아니하며 번제보다 하나님을 아는 것을 원하노라 호 6:6

이처럼 하나님은 소나 양을 잡아서 드리는 형식적인 제사보다 진

정한 마음으로 하나님 말씀을 잘 듣고 그 말씀에 순종하는 것을 더 기뻐 받으신다. 즉 예배란 바로 우리의 몸과 마음을 다해 하나님을 기쁘게 해드리는 것이라고 할 수 있다. 그렇기에 주일에 드리는 공 예배 외에도 평일인 월요일부터 토요일까지 우리 삶으로 하나님을 기쁘게 해드리면 하나님은 그것을 예배로 받으신다. 예를 들면 이웃에게 사랑과 긍휼을 베풀거나, 아픈 자들을 위로해 주고, 힘들어하는 자를 위해서 기도해 주거나, 영혼 구원을 위해 전도하는 일이다.

그래서 나는 전도도 예배라고 말하고 싶다. 전도(영혼 구원) 역시 하나님이 기뻐하시는 일이기 때문이다.

전도는
가장 기뻐 받으시는 예배
◇◇◇

나는 성격상 '가장' 또는 '매우'라는 표현을 잘 쓰지 않는다. 그럼에도 불구하고 하나님이 가장 기뻐 받으시는 예배를 전도라고 말하고 싶다.

누가복음 15장에는 잃어버린 영혼에 대한 비유가 나온다. 바리새인과 서기관들이 예수님의 말씀을 듣기 위해 모인 무리 중에 세리와 죄인이 있는 것을 보고 "이 사람이 죄인을 영접하고 음식을 같이 먹는다"면서 예수님을 비판한다. 예수님은 이들의 말을 듣고 잃어버린 영혼을 비유로 말씀하셨다.

> 너희 중에 어떤 사람이 양 백 마리가 있는데 그중의 하나를
> 잃으면 아흔아홉 마리를 들에 두고 그 잃은 것을 찾아내기
> 까지 찾아다니지 아니하겠느냐 또 찾아낸즉 즐거워 어깨에
> 메고 집에 와서 그 벗과 이웃을 불러 모으고 말하되 나와
> 함께 즐기자 나의 잃은 양을 찾아내었노라 하리라 내가 너
> 희에게 이르노니 이와 같이 죄인 한 사람이 회개하면 하늘
> 에서는 회개할 것 없는 의인 아흔아홉으로 말미암아 기뻐
> 하는 것보다 더하리라 눅 15:4-7

하나님께서 의인 99명을 얼마나 귀하고 보배롭게 생각하시겠는
가? 의인 중에는 주님의 복음을 전하다가 순교한 순교자, 이국땅에
서 복음을 전한 선교사, 하나님의 백성을 사랑으로 섬기는 교회 목
사, 그리고 말없이 봉사하며 충성한 장로, 권사, 집사들도 있을 것이
다. 그런데 하나님은 의인 99명으로 인해 기뻐하는 것보다 자기 마
음대로 살다가 회개하고 돌아온 한 영혼을 보시고 더 기뻐하신다는
것이다.

예를 들어 주일에 하나님의 사람들이 모여서 예배드린다고 가정
해 보자. 하나님께서 그 모습을 보고 얼마나 기뻐하시겠는가? 그런

데 예배드리는 그 시간에 세상에서 자기 멋대로 살다가 회개하고 돌아오는 한 영혼이 교회 문을 열고 예배당 안으로 들어온다면 하나님의 관심은 온통 그 한 사람에게 쏠릴 것이다. 하나님은 수많은 성도가 주일예배를 드리는 모습을 보고 기뻐하는 것보다 회개하고 돌아온 한 영혼을 보고 더 기뻐하신다.

그러므로 '전도(영혼 구원)는 하나님이 가장 기뻐하시는 예배'라고 말하고 싶다.

chapter 3

내가
전도해야 하는 이유

잃어버린 자를

찾으시는 예수님

◇◇◇

사랑, 믿음, 소망, 긍휼, 섬김 등은 교회에서 흔히 듣는 말이다. 이 것들과 함께 빼놓지 않고 듣는 말이 또 하나 있는데 바로 '전도'다.

그리스도인은 왜 전도를 해야 할까?

첫째, 전도(영혼 구원)는 하나님 아버지가 가장 기뻐하시는 일이며, 가장 기뻐 받으시는 예배이기 때문이다.

둘째, 전도(영혼 구원)는 예수님이 이 땅에 오신 목적이기 때문이다.

예수님은 영혼 구원(전도)을 위해서 이 세상에 오셨다고 친히 말씀하셨다. 예수님이 베드로의 집에 들러 베드로 장모의 열병을 치료하신 일이 있다. 이 소문이 동네에 퍼져 해가 저물 때에 그 동네의 모든 아픈 자가 예수님께 나아왔다. 예수님은 그들을 다 치료해 주신 후 다음 날 새벽에 기도하러 산으로 올라가신다. 그때 베드로와 제자들이 예수님께 나아와 동네 사람들이 예수님을 찾고 있다고 전하였다. 아마 전날 병을 치료 받은 사람들이 고마움을 표시하려는 것이거나 기적을 일으킨 분의 얼굴을 한 번이라도 더 보기 위해 모였을 것이다. 이런 경우 많은 사람들이 고마움을 표시하려는 무리에게 가서 영광을 받고 싶어 할 것이다. 그런데 예수님은 세상의 영광을 뒤로한 채 자기가 이 땅에 온 이유에 충실하신다. 바로 영혼 구원(전도)이다.

> 우리가 다른 가까운 마을들로 가자 거기서도 전도하리니
> 내가 이를 위하여 왔노라 막 1:38

또한 예수님은 여리고에서 세리장이며 부자인 삭개오를 만나셨

다. 삭개오는 키가 작아 무리 틈으로는 예수님을 볼 수 없어 예수님이 지나가시는 길목에 있는 뽕나무 위로 올라가 기다린다. 탕자의 비유에서 재산을 탕진하고 돌아오는 둘째 아들을 먼저 발견한 아버지처럼(눅 15:20) 예수님은 구원을 기다리는 삭개오를 먼저 발견하시고 내려오라 해서 그의 집에 들어가신다. 죄인이라고 생각하는 삭개오의 집에 들어가는 예수님의 모습을 사람들이 못마땅해하지만, 예수님은 자신이 이 땅에 온 목적이 이처럼 잃어버린 자를 찾아 구원하는 것이라고 말씀하신다.

> 인자가 온 것은 잃어버린 자를 찾아 구원하려 함이니라
>
> 눅 19:10

예수님은 십자가에 달리기 전에 예루살렘으로 올라가시다가 자신의 죽음과 부활에 대해 제자들에게 말씀하셨다. 이때 세베대의 아들 야고보와 요한이 '주님이 하늘나라에 올라가시면 자신들을 좌우에 앉혀 달라'고 요청한다. 이로 인해 제자들 사이에 마음의 시기가 일어나 논쟁이 벌어진다. 그때 예수님은 "너희 중에 누구든지 으뜸이 되고자 하는 자는 모든 사람의 종이 되어야 하리라"(막 10:44)면서 "인자가 온 것은 섬김을 받으려 함이 아니라 도리어 섬기려 하고 자기 목숨을 많은 사람의 대속물로 주려 함이니라"(막 10:45)고 말씀하

신다. 여기서 대속물이란 몸값이란 의미로 죄 때문에 죽어야 할 우리를 위해 예수님이 대신 죽으신 것이다.

이처럼 예수님은 시간이 있을 때마다 자신이 영혼 구원(전도)을 위해 이 땅에 오셨다고 말씀하셨다. 예수님이 이 땅에 오신 이유가 영혼 구원(전도)이라면 이제는 우리가 예수님이 원하시는 전도(영혼 구원)를 해야 할 것이다.

셋째, 그리스도인이 전도해야 하는 이유는 예수님이 우리를 영혼 구원(전도)하라고 부르셨기 때문이다.

예수님이 베드로와 안드레를 제자로 부르시는 장면이 있다. 예수님은 갈릴리 해변에서 물고기를 열심히 잡고 있는 베드로와 안드레에게서 잃어버린 영혼을 구원하는 전도자의 모습을 보셨다. 예수님은 그들이 영혼 구원(전도)하기 원하셨다. 예수님은 지금도 우리가 사람 낚는 어부가 되길 원하신다.

> 갈릴리 해변에 다니시다가 두 형제 곧 베드로라 하는 시몬
> 과 그의 형제 안드레가 바다에 그물 던지는 것을 보시니 그
> 들은 어부라 말씀하시되 나를 따라오라 내가 너희를 사람
> 을 낚는 어부가 되게 하리라 하시니 마 4:18-19

예수님은 전도 사역을 하시던 중에 제자들에게 추수할 것은 많은

데 일꾼이 적으니 추수할 일꾼이 더 있으면 좋겠다고 하셨다. 예수
님은 지금도 추수할 일꾼(영혼 구원)으로 우리를 부르고 계신다. 세상
에 반기독교적 성향이 짙어진다고 탄식만 할 게 아니다. 세상에는
구원을 기다리는 사람들이 많다. 우리 모두 일꾼이 되어 전도 사역
을 감당해야 한다.

> 이에 제자들에게 이르시되 추수할 것은 많되 일꾼이 적으
> 니 그러므로 추수하는 주인에게 청하여 추수할 일꾼들을
> 보내 주소서 하라 하시니라 마 9:37-38

넷째, 우리를 양육하신 목적도 전도(영혼 구원)를 위해서다.
우리 그리스도인들은 신앙 성장을 위해 이러저러한 교육을 받는
가 하면 여러 집회에 참석한다. 하나님도 우리의 신앙이 성장하기
원하신다.

> 때가 오래 되었으므로 너희가 마땅히 선생이 되었을 터인
> 데 너희가 다시 하나님의 말씀의 초보에 대하여 누구에게
> 서 가르침을 받아야 할 처지이니 단단한 음식은 못 먹고 젖
> 이나 먹어야 할 자가 되었도다 히 5:12

그렇다면 하나님은 우리가 양육(훈련) 받은 후에 무엇을 하기 원하실까? 예수님이 열두 제자를 훈련시킨 후 처음으로 아웃리치를 보내는데, 이때 제자들에게 하신 말씀이 바로 영혼 구원(전도)에 대한 말씀이다.

> 예수께서 이 열둘을 내보내시며 명하여 이르시되 이방인의 길로도 가지 말고 사마리아인의 고을에도 들어가지 말고 오히려 이스라엘 집의 잃어버린 양에게로 가라 가면서 전파하여 말하되 천국이 가까이 왔다 하고 마 10:5-7

이처럼 우리가 양육을 받는 목적도 잃어버린 영혼과 죽어 가는 영혼을 구원하기 위해서다. 전도(영혼 구원)는 하나님이 가장 기뻐하시는 일이고, 예수님이 이 땅에 오신 이유이며, 우리를 부르시고 양육하신 목적이다. 지금도 예수님의 최대 관심사는 영혼 구원(전도)이다. 하나님은 영이시기 때문에 육체가 없다. 주님은 영혼 구원(전도)을 위해 우리의 육체를 사용하기 원하신다. 이것이 우리가, 교회가, 내가 전도해야 하는 이유다.

예수님은

이렇게 전도하셨다

◇◇◇

　예수님은 제자들에게 전도하라고 말씀하셨을 뿐 아니라 직접 전도의 본을 보여 주셨다. 예수님이 공생애를 시작하면서 처음 선포하신 말씀이 "회개하라 천국이 가까이 왔느니라"(마 4:17)이다. 이 말씀을 하신 후 예수님은 실제 전도 현장으로 들어가셨다. 예수님은 갈릴리 해변에서 베드로와 안드레 형제 그리고 야고보와 요한 형제를 전도하신 후 그 제자들과 함께 온 갈릴리에 다니면서 전도(영혼 구원)하셨다(마 4:18-23). 갈릴리 지방에만 국한하지 않고 점차 지경을 넓혀 모든 도시와 마을을 다니며 전도하셨다(마 9:35-38).

　예수님 전도의 클라이맥스는 십자가상에서 우편에 있던 강도를 전도하신 것이다. 보통 사람 같으면 십자가상에서 고통으로 인해 자신을 추스르기도 힘들었을 텐데 예수님은 손과 발에 대못이 박히고 머리에 가시면류관을 쓴 채로 죽어 가는 한 영혼을 구원하셨다. 이 모습을 상상해 보면 영혼 구원에 대한 예수님의 마음이 얼마나 절절한가를 알 수 있다.

　　예수께서 이르시되 내가 진실로 네게 이르노니 오늘 네가

　　나와 함께 낙원에 있으리라 하시니라 눅 23:43

예수님은 부활 후 제자들을 만나셨을 때도 영혼 구원(전도)에 대해 말씀하셨다. 사람들은 중요한 말을 할 때 자신도 모르게 몸이 앞으로 나아가게 된다. 예수님도 이 말씀이 얼마나 중요한지 앞으로 한 발짝 나아가 전도(영혼 구원)에 대한 지상 명령을 내리셨다.

> 예수께서 나아와 말씀하여 이르시되 하늘과 땅의 모든 권세를 내게 주셨으니 그러므로 너희는 가서 모든 민족을 제자로 삼아 아버지와 아들과 성령의 이름으로 세례를 베풀고 내가 너희에게 분부한 모든 것을 가르쳐 지키게 하라 볼지어다 내가 세상 끝날까지 너희와 항상 함께 있으리라 하시니라 마 28:18-20

예수님은 이 세상에서 마지막 시간, 즉 승천하시기 바로 전에도 영혼 구원(전도)에 대한 말씀으로 3년간의 공생애를 마무리하신다.

> 오직 성령이 너희에게 임하시면 너희가 권능을 받고 예루살렘과 온 유대와 사마리아와 땅끝까지 이르러 내 증인이 되리라 하시니라 행 1:8

특별히 이 장면에서 예수님은 "내 증인이 되리라"고 수동형으로 말씀하셨는데, 이는 마치 "전도 쉽지 않지? 영적 전쟁이므로 쉽지 않지만 성령 하나님께서 함께하실 때 전도는 이루어지는 거야"라고 말씀하시는 것 같다.

이처럼 예수님은 공생애 시작부터 하늘나라에 올라가시기 바로 전까지 영혼 구원(전도)에 집중하셨고 직접 전도의 본을 보여 주셨다.

하늘나라
지혜자
◇◇◇

회사에서 가장 지혜로운 사람은 누구일까? 회사가 지향하는 목적을 위해 최선을 다하는 사람이다. 아무리 열정적으로 최선을 다해도 그 일이 회사가 바라는 목적과 다르다면 그는 회사에 도움이 되지 않을 것이며 인정받지도 못할 것이다. 그러나 타고난 능력은 없어도 회사가 원하는 일에 최선을 다하고 꾸준히 한다면 그는 종국에 회사가 원하는 사람이 될 것이고 지혜로운 사람이 될 것이다.

그렇다면 하늘나라에서 참 지혜자는 누구일까?

그것은 하나님께서 좋아하시는 일을 하는 사람이다. 그중 하나님이 가장 기뻐하고 좋아하시는 전도(영혼 구원)에 관심을 갖고 실천하는 사람은 하늘나라의 지혜자임에 분명하다.

chapter 4

전도가 주는
큰 선물

전도는

1석 4조이다

◇◇◇

한 가지 일을 하여 두 가지 이득을 얻는다는 뜻의 '일석이조'라는 사자성어가 있다. 이런 일이 일어나면 사람들은 좋은 일이 생겼다고 말한다. 그런데 전도(영혼 구원)는 1석 4조다. 왜일까?

첫째, 전도(영혼 구원)는 하나님이 가장 기뻐하시는 일이다.

둘째, 하나님께만 기쁨이 되는 것이 아니라 전도자에게도 큰 기쁨이 된다. 전도자가 느끼는 이 기쁨은 세상에서 어떤 일을 성취했을 때 오는 기쁨에 비할 수 없이 크다. 이것은 경험해 본 사람만이 안다.

셋째, 하나님과 전도자만 기쁨을 얻는 것이 아니라, 예수님을 영접한 전도 대상자가 하나님의 자녀가 되는 기쁨을 얻는다(요 1:12). 과거 전도한 사람들한테서 "원장님, 지금 교회 잘 나가고 있어요. 그때 전도해 주어서 정말 감사합니다"는 말을 종종 듣는다. 전도 받을 당시는 몰랐지만 신앙이 성숙해지면서 예수님이 나의 구원자요 주님이라는 사실과 하나님의 자녀가 되었다는 사실이 큰 축복이요 기쁨이라는 걸 깨달았기에 하는 말이다.

나는 2011년에 출간한 나의 책《영혼을 살리는 의사》에서 '전도는 하나님과 전도자와 전도 대상자에게 기쁨을 주므로 1석 3조'라고 말했다. 그런데 최근에 전도는 1석 4조라는 걸 깨달았다.

얼마 전에 평소 잘 알고 지내던 권사님 한 분이 딸과 동생을 전도해 줘서 고맙다며 인사를 건넸다. 진심을 다해 감사를 전하는 그분을 보면서 전도는 요청자에게도 큰 기쁨을 준다는 것을 알았다. 며칠 전에도 어떤 노인 환자분이 많은 양의 요플레를 사 오셨다. 왜 사 오셨냐고 물으니 "원장님이 아들도 전도해 주고 딸도 전도해 주어서 감사해서 사 왔다"고 하셨다. 자녀들이 전도를 받고 교회에 나가는 모습이 너무나 좋았던 모양이다.

이처럼 전도(영혼 구원)는 하나님이 기뻐하시고, 전도자에게도 기쁨이 된다. 또한 전도 대상자는 하나님의 자녀가 되는 축복을 누리고, 전도 요청자에게는 감사의 기쁨이 생기는 1석 4조가 된다.

'1석 4조'가 나에게 일어난다면 얼마나 큰 축복인가!

전도자에게 주시는
축복
◇◇◇

대부분의 전도자는 자신이 축복 받기 위해 전도하는 것이 아니라 하나님이 좋아하시고 기뻐하시기 때문에 전도한다. 그러나 하나님은 그 대가로 전도자에게 여러 축복을 주신다.

첫째, 전도자의 축복 중에서 가장 귀한 것은 하나님이 주시는 기쁨이다.

누군가 나에게 "당신은 왜 전도하나요?"라고 물어본다면 "전도(영혼 구원)는 하나님이 가장 기뻐하시는 일이고 나에게 기쁨을 주기 때문이다"라고 말할 것이다.

실제 전도 대상자가 예수님을 영접하거나 교회에 나가겠다고 말할 때 내 마음 깊은 곳에서 솟아 나오는 기쁨은 뭐라 표현할 수가 없다. 내가 처음 기쁨을 맛본 것은 전도 훈련 중 훈련자와 함께 어느 병원에서 전도했을 때다. 정형외과 병동에서 어느 남자 환자에게 전도를 했는데 그 전도 대상자가 예수님을 영접하고 교회에 나가겠다고 말하는 것이었다. 그 순간 내 마음속에 샘과 같은 기쁨이 솟으면서 가나 혼인 잔치에 등장하는 하인들이 생각났다.

당시 잔치가 한창 무르익고 있는데 준비된 포도주가 다 떨어졌다. 어머니로부터 이 사실을 알게 된 예수님은 하인들에게 6개의 돌항아리에 물을 채우고 그 물을 떠서 연회장에 갖다 주라고 하셨다. 하인들은 세상의 이치에는 맞지 않지만 예수님의 말씀에 순종하였고, 그러자 놀라운 일이 벌어졌다. 물이 포도주로 변한 것이다. 그것도 아주 탁월한 맛의 포도주로. 이 사실은 예수님 외에 오로지 예수님의 말씀에 순종한 하인들만 알 수 있었다(요 2:9). 그 하인들이 얼마나 놀라고 마음이 벅찼을까? 이처럼 복음을 전한 후 전도 대상자가 예수님을 영접하고 교회에 나가겠다고 할 때 복음을 전한 전도자는 말로 표현할 수 없는 기쁨을 누리게 된다.

오래전 일이다. 병원에서 점심시간을 이용해 전도 대상자에게 복음을 전한 후 잠시 잠을 청하려고 하는데, 그날 이야기가 길어져 잠잘 시간이 5분밖에 남지 않았다. 잠을 푹 자고 싶어서 "하나님, 점심시간이 얼마 남지 않았어요. 잠 푹 자게 해 주세요" 하고 기도하는데 갑자기 내 마음 깊은 곳에서 '흐흐흐' 하는 기쁨의 웃음이 솟았다. 이 기쁨의 웃음은 이후 한 번 더 경험했는데, 아마도 성령 하나님이

나로 인해 기뻐하신 게 아닐까 생각해 본다.

　어느 날부터인가 나는 힘든 일이 생기면 출근하는 차 안에서 "하나님 오늘도 111 전도 하게 해 주세요"라고 기도한다. 그 이유는 전도해서 생기는 기쁨이 내가 어려움을 겪을 때 받는 스트레스를 극복해 주기 때문이다. 이처럼 하나님은 전도자들에게 이 세상 어느 것과도 비교할 수 없는 기쁨을 주신다.

　둘째, 임마누엘의 축복을 주신다.

　전도는 영적 전쟁이다. 하나님은 전도자를 홀로 전쟁터로 내보내지 않고 함께해 주신다. 임마누엘 축복보다 더 귀한 복이 어디 있는가.

> 그러므로 너희는 가서 모든 민족을 제자로 삼아 아버지와
> 아들과 성령의 이름으로 세례를 베풀고 내가 너희에게 분
> 부한 모든 것을 가르쳐 지키게 하라 볼지어다 내가 세상 끝
> 날까지 너희와 항상 함께 있으리라 마 28:19-20

　셋째, 전도자의 필요(기도)에 대해 하나님께서 응답해 주신다.

　그리스도인들이 하나님께 기도 응답 받는 방법은 두 가지가 있다.

　하나는 하나님께 필요한 것을 직접 구하는 것이다. 그러면 자식에게 필요한 것을 공급해 주시는 부모처럼 하나님께서 우리의 필요를 채워 주신다.

구하라 그리하면 너희에게 주실 것이요 찾으라 그리하면
찾아낼 것이요 문을 두드리라 그리하면 너희에게 열릴 것
이니 구하는 이마다 받을 것이요 찾는 이는 찾아낼 것이요
두드리는 이에게는 열릴 것이니라 마 7:7-8

다른 하나는 우리가 하나님이 기뻐하고 원하시는 일을 할 때 하
나님께서 우리의 필요를 아시고 채워 주신다. 예수님은 산상수훈에
서 우리의 재물을 하늘에 쌓아 두라고 말씀하시면서 목숨을 위해 무
엇을 먹을까 마실까, 몸을 위해 무엇을 입을까 염려하지 말라고 하
셨다. 이런 것은 세상 이방인들이 구하는 것이고, 하나님은 자녀들
이 무엇이 필요한지 아시기 때문에 우리가 먼저 하나님의 나라와 의
를 구할 때 이 모든 것을 채워 주신다고 하셨다. 즉 하나님께서 기뻐
하시는 영혼 구원(전도)의 일을 하면 하나님은 전도자가 필요한 것을
공급해 주신다.

그런즉 너희는 먼저 그의 나라와 그의 의를 구하라 그리하
면 이 모든 것을 너희에게 더하시리라 마 6:33

그 외에도 하나님은 전도자에게 많은 축복을 주시겠다고 말씀하
셨다.

지혜 있는 자는 궁창의 빛과 같이 빛날 것이요 많은 사람을

옳은 데로 돌아오게 한 자는 별과 같이 영원토록 빛나리라

단 12:3

심는 이와 물 주는 이는 한 가지이나 각각 자기가 일한 대

로 자기의 상을 받으리라 고전 3:8

눈물을 흘리며 씨를 뿌리는 자는 기쁨으로 거두리로다

시 126:5

그러나 많은 전도자들은 이러한 상급과 복을 받기 위해 전도하는 것이 아니라 하나님이 좋아하시고 기뻐하시기 때문에 오늘도 전도한다.

chapter 5.

전도가
불편한 이에게

전도,

어렵고 불편하다?

◇◇◇

전도는 1석 4조이며 전도자에게도 축복이다. 그럼에도 불구하고 많은 그리스도인들이 전도를 부담스럽고 어렵게 생각한다. 일대일을 함께했던 동반자 집사님 부부들과 식사하는 모임이 있었다. 내가 전도학교 담당 장로인 것을 알고 한 집사님이 "장로님, 전도는 참 어려운 것 같아요" 하면서 전도의 어려움을 호소했다. 오래전 TV 개그 프로그램에서 '불편한 진실'이라는 코너가 인기리에 방영된 적이 있는데, 전도가 교회에서 '불편한 진실'이 되고 있는 것 같아 씁쓸하다. 교회든 그리스도인이든 '우리가 존재하는 이유는 그리스도를 전하기 위해서다'라고 말하면서도 실제로는 전도를 부담스럽게 생각하는 것이다. 심지어 어렵고, 더럽고, 힘들다고 해서 붙여진 3D 업종을 전도에 비유하는 사람도 있다.

그리스도인들이 전도를 부담스럽고 어렵게 느끼는 이유는 무엇일까?

지하철역에서 '예수 천당, 불신 지옥'이라는 팻말을 붙이고 돌아다니는 사람들을 떠올리고 부담스러워하는 걸까? 길거리나 시장에서 전도지를 나눠 주는 사람을 대하는 냉랭한 시선 때문에 부담스러워하는 걸까? 실제로 전도했을 때 거절 받은 경험이 상처가 되었기 때문일까?

복음을 전하기 시작한 1997년부터 현재까지 전도에 대한 변하지 않는 나의 결론이 있다. 그것은 '전도는 성령님이 하신다'는 것이다. 나는 주체가 아니며 단지 도구에 불과하다. 내가 전도의 주체라고 생각하기 때문에 전도가 어렵게 느껴질 수 있다. 나는 단지 성령 하나님께 순종하며 '전도의 결과는 하나님 소관이다'라고 생각하면 전도에 대한 부담감이 줄어들 것이다.

흔히 전도지를 나누어 주거나 복음의 메시지를 전해야만 전도하는 것이라고 생각한다. 그러나 전도는 길이요 진리요 생명 되신 예수님을 전하는 것이다(요 14:6). 예수님의 사랑을 우리의 삶을 통해 전할 수 있고, 예수님께서 우리에게 행하신 능력을 간증을 통해 전할 수 있으며, 예수님의 복음을 준비된 말씀(메시지)으로 전할 수 있다.

사도 바울이 고백한 것처럼 누군가는 심고 누군가는 물을 주는 것이다. 나 역시 항상 십자가 복음을 전하는 것은 아니다. 어느 때는 전도 대상자인 환자의 손을 잡고 사랑의 마음을 담아 기도해 주기도 하고, 간증을 통해 나와 가족 또는 주위 성도들에게 역사하신 예수님의 능력을 전하기도 하며, 시간이 허락되면 예수님의 십자가 복음을 메시지로 전한다. 내 얼굴이 전도지라는 말이 있듯이 내 모습을 통해 예수님이 전해진다.

《일대일 제자양육 성경공부》 내용 중에 "여러분은 날마다 복음의 편지를 한 장씩 쓰고 있지요. 여러분이 행하는 행동과 말들로, 사람들은 여러분이 쓰는 것을 읽지요. 여러분은 어떤 복음을 전하고 있습니까?"라는 글이 있다. 내 삶을 통해 예수님의 사랑이 전해진다면 이것 또한 하나님이 기뻐하시는 전도다.

우리 공동체(순)에는 20년 넘게 '샬롬의 집'이라는 장애인 복지센터에서 매달 봉사하고 있는 최 집사님 부부가 있다. 그 부부는 눈이 오나 비가 오나 매달 마지막 주에 샬롬의 집을 찾아간다. 권사님이 아파서 못 가는 경우에는 남편 집사님 혼자서라도 간다. 이 아름다운 부부는 어려운 처지에 있는 그들을 찾아가 식사 준비와 청소를 해 주며 예수님의 사랑을 전한다. 그 사랑이 주변으로 물들어 지금은 우리 공동체의 많은 사람들이 관심을 갖고 함께 봉사하고 있다. 어느 날 순모임 중에 최 집사님이 "전도는 참 어려운 것 같아요"라고 말했다. 하지만 나는 사랑의 수고를 아끼지 않는 최 집사님 부부야말로 예수님의 사랑을 널리 퍼뜨리는 전도자라고 생각한다.

예수님의 사랑을 전하든(삶으로) 능력을 전하든(간증으로) 복음을 전하든(메시지 선포) 예수님이 전해진다면 우리는 전도하는 것이다.

전도, 매일 집중해서 예수님을 전해야겠다는 마음만 있다면 결코 어렵지 않다.

날마다
111 전도
◇◇◇

예수께서 이르시되 내가 곧 길이요 진리요 생명이니 나로
말미암지 않고는 아버지께로 올 자가 없느니라 요 14:6

어느 날 이 말씀을 묵상하는데 갑자기 '길'이라는 단어가 내 마음

속에 들어왔다. 예수님은 우리가 하나님께 나아갈 수 있는 유일한 길이다. 죄인인 우리는 결코 거룩하신 하나님께 나아갈 수 없다. 완전한 하나님이며 완전한 사람이신 예수님을 통해서만이 하나님께 갈 수 있다. 예수님이 한 손으로 하나님 아버지 손을 잡고 다른 손으로는 사람의 손을 잡는다면 우리는 예수님을 통해 하나님과 연결되게 된다.

하늘나라에 갈 수 있는 유일한 통로이신 예수님을 생각하다 보니 하늘로 길게 뻗은 1자가 생각났다. 그와 동시에 '111 전도'라는 말이 떠올랐다. 첫 번째 1은 하루라는 뜻이고 두 번째 1은 한 명 이상이라는 뜻이다. 처음에는 한 명이라고 표현했으나 예수님이 갈릴리 해변에서 베드로와 그의 형제 안드레를 전도하신 후 "두 명 전도했으니 오늘은 그만 쉬자" 하지 않고 더 나아가 야고보와 그의 형제 요한을 전도하셨던 것(마 4:21)을 생각해서 한 명 이상이라고 바꾸었다. 한 명에만 그치지 말고 그날 전도할 수 있는 데까지 전도하자는 다짐이다. 세 번째 1은 우리가 하나님께 나아갈 수 있는 유일한 통로이신 예수님(요 14:6)을 의미한다. 그래서 111 전도란 '하루에 한 명 이상에게 유일하신 예수님을 전하는 것'이다.

111 전도 하면 어떤 사람은 '어떻게 매일 전도하나?'라고 생각할 수도 있다. 그러나 앞에서 말한 것처럼 전도는 어렵지 않다. 전도는 우리의 삶을 통해 또는 입술로 예수님을 전하는 것이다. 같이 일하

는 동료, 택시 기사님, 버스에서 옆 자리에 앉은 이, 수퍼마켓 직원 등등 전해야 할 사람은 주위에 많다.

과거에 나는 아침 큐티(말씀 묵상)를 할 때 대부분 십자가로 시작해서 십자가로 마무리(적용)했다. 처음 십자가는 예수님이 나의 죄 값을 치르기 위해 지신 사랑에 감사하는 마음으로 그날의 말씀을 묵상하였고, 마지막 십자가는 "주님, 오늘도 내가 감당할 십자가를 잘 지게 해 주소서"라고 말씀을 적용한 것이었다.

> 또 무리에게 이르시되 아무든지 나를 따라오려거든 자기를 부인하고 날마다 제 십자가를 지고 나를 따를 것이니라
> 눅 9:23

111 전도 운동(사역)을 시작한 이후로는 아침 큐티의 마무리(적용)를 거의 "주님, 오늘도 111 전도를 감당케 하옵소서"로 끝내고 있다. 어느 모임에서 동료 의사가 "음악을 좋아하는 사람들은 아침에 그날 하루에 들을 음악을 미리 선정해 놓는다"고 했다. 나는 그 말을 듣고는 아침 시간에 111 전도에 대해 더욱더 집중해서 묵상해야겠다고 다짐했다. 그리스도인들이 매일의 삶에서 집중하여 예수님을 전한다면 날마다 111 전도 운동은 왕성하게 퍼져 나가게 될 것이고 하나님 나라가 굳건하게 세워질 것이다.

chapter 6.

현장에서 사용하는
전도의 실제

내가 전도한

사례들

◇◇◇

전도는 크게 두 단계로 나눌 수 있다. 첫째는 전도 대상자의 마음 문이 열리는 단계이고, 두 번째는 열린 마음에 예수님의 복음을 전하는 단계다. 다음은 내가 전도한 사례들이다.

10일 동안 복통으로 고생하다가 내원한 젊은 여자 환자가 있었다. 처음에는 아랫배가 아프다가 시간이 지나 윗배로 통증이 올라왔고 허리까지 펴지 못할 정도로 심해져 인근 병원에서 치료 받던 중 내원하게 되었다. 진찰해 보니 환자가 스스로 힘을 준 것처럼 배가 딱딱했다. 환자와 대화를 해 보면(문진) 많은 경우 의심되는 질병이 생각난다. 그런데 이 환자는 어디가 아픈지 알 수가 없었다.

몇 가지 검사를 하는 중에 몇 년 전에 경험했던 질병이 생각났다. 희귀병이었다. 환자와 보호자에게 그 질병에 대해 말해 주고 약을 투여하기 시작했다. 감사하게도 며칠 후 증상이 호전되어서 환자에게 "이 병은 하나님이 치료해 주었다"고 말해 주었다. 환자에게 교회에 나가느냐고 물었더니 아니라고 했다. 하나님이 계신 것을 믿느냐고 물었더니 믿지 않는다고 했다. 그럼 창조론과 진화론 중 어떤 것을 믿느냐고 물으니 그런 건 생각해 보지도 않았다고 했다. 그래서 창조론과 진화론에 대해서 간단히 설명했다.

"이 세상 모든 것은 자기 스스로 생겨난 것이 하나도 없습니다. ㅇㅇㅇ님은 혼자 저절로 태어났나요? 부모님에 의해 이 세상에 태어났지요. 부모님 역시 마찬가지입니다. 부모님도 부모님의 부모님에 의해서 이 세상에 나왔지요. 이 휴대폰이 스스로 생겼나요? 전화하라고 누군가 만들었지요. 이 체온계는 저절로 나왔나요? 체온을 재기 위해 누군가가 만들었지요. 이처럼 이 세상에 있는 모든 것은 저절로 생겨난 것이 아니라 누군가에 의해 만들어졌다는 것이 창조론입니다. 다른 말로 표현하면 창조론은 온 우주 만물이 누군가에 의해, 즉 창조주 하나님에 의해 창조되었다는 것이고, 진화론은 이 모든 사물이 스스로 생겨났다는 것입니다. 그럼 진화론의 모순을 이야기해 보겠습니다." (자세한 내용은 120쪽의 '하나님이 눈에 보이지 않아 믿어지지 않습니다'를 참조)

창조론과 진화론에 대해 말해 준 후 "이 이야기를 듣고 나서 실제 창조론과 진화론 중 어떤 것이 일리가 있다고 생각합니까?" 하고 물으니 진화론보다는 창조론인 것 같다고 대답했다. 그럼 창조주 하나님에 대해 잠깐 이야기해 주고 싶은데 지금은 밖에 환자들이 대기 중이니 점심시간에 오면 나머지 이야기를 해주겠다고 하여 이틀 후에 만나기로 약속했다. 나중에 알고 보니 환자의 어머니는 교회에 다니고 있었다. 딸이 뜻밖의 장소에서 복음을 듣게 되자 그 어머니는 매우 흡족해했다. 이틀 후 전도 대상자는 복음을 들은 뒤 예수님을 영접했고 그 주에 교회에 나가기로 약속했다.

두 번째 사례는 남자 고등학생이 코피가 자주 나서 병원에 내원한 경우다. 검사를 해 보니 골수 기능 감소로 인한 혈소판 감소증이 코피의 원인이었다. 골수 검사가 필요할 것 같아 종합병원으로 전원했다. 며칠이 지나 남학생의 엄마가 자신도 코피를 종종 흘린다고 하면서 우리 병원을 방문했다. 다행히 그 엄마는 아무 문제가 없었다.

그러나 아들이 종합병원에서 혈액질환인 '골수기능부전'이라는 진단을 받았기에 그 엄마는 아들 문제로 많은 걱정을 하고 있었으며 아들을 위해 아무것도 해 주지 못하는 자신에 대해서 자책했다. 상담을 끝내면서 예수님을 전하고 싶었다.

"이런 때 하나님께 기도하면 참 좋을 텐데요" 하면서 교회에 나가느냐고 물으니 현재는 다니지 않는다고 했다. '현재'라는 말이 무슨 뜻이냐 했더니 처녀 시절엔 교회를 다녔으나 결혼 후 바쁘게 살다 보니 교회에 다니지 않게 되었다고 했다. 그러면서 "여태 교회에 다니지 않다가 지금 나가도 될까요?" 하고 물었다. 그런 그녀에게 앞에서 언급한 잃어버린 한 영혼도 포기하지 않으시는 하나님에 대해 설명해 주니 고개를 끄덕였다. 다음 날 점심시간에 20~30분 시간을 내어 나머지 이야기를 해 주고 싶다고 해서 만나 도표를 그리면서 복음을 전했다(254쪽 참조). 그런 다음 예수님을 영접하겠다는 전도 대상자에게 왜 교회에 꼭 나가야 하는지를 설명해 주었다(236쪽 참조). 전도 대상자는 이제 교회에 나가겠다면서 평소 교회에 가자고 권유하던 친구의 교회에 가고 싶다고 했다. 나는 그 교회가 이단이 아닌 것을 확인한 후 신앙생활을 시작할 것을 적극 권했다.

전도의 실제에서는 정해진 공식이 없다. 그래도 큰 틀로 보면 전도는 두 단계로 이루어진다. 첫 번째 단계는 전도 대상자의 마음 문이 열리는 단계이며 두 번째 단계는 전도 대상자의 열린 마음에 예수님의 복음이 전해지는 단계다.

첫 번째 예에서는 전도 대상자가 희귀한 병에 걸린 사실이 마음 문이 열리는 계기가 되었을 것이다. 그리고 평소 엄마의 기도가 전도 대상자의 마음 문을 여는 데 도움이 되었을 것이다. 전도 대상자가 젊은 청년이었기에 '창조론과 진화론'으로 접촉점을 삼아 마음의 문을 두드렸다.

두 번째 예에서는 사랑하는 자녀의 아픔이 전도 대상자가 마음 문을 여는 계기가 되었을 것이다. 과거 교회에 다녔던 사람이기에 '잃어버린 한 영혼도 포기하지 않으시는 하나님'의 이야기로 접촉점을 삼아 마음의 문을 두드렸다.

이 두 사례 모두에 고난이 있었다. 고난은 전도 대상자의 마음 문을 여는 데 매우 효과적인 하나님의 방법이다.

복음을 전하기에 앞서 전도 대상자의 마음 문이 열리는 첫 번째 단계가 매우 중요하다.

하나님은 사람을 만드실 때 컴퓨터가 내장된 로봇으로 만들지 않으셨다. 하나님은 우리에게 '지, 정, 의'의 마음을 주셨다. 사람들은 어떤 사실을 경험한 후 거기에 따른 감정이 생기며, 그 감정에 의해 의지적인 결단을 하게 된다. 예수님뿐만 아니라 어떤 사람도 굳게 닫힌 전도 대상자의 마음 문을 마음대로 열고 들어갈 수 없다. 그 마음 문은 전도 대상자 자신이 스스로 열어야 한다. 예수님도 그들과 함께하고 싶으셔서 그들의 마음 문을 두드리신다.

> 볼지어다 내가 문 밖에 서서 두드리노니 누구든지 내 음성
> 을 듣고 문을 열면 내가 그에게로 들어가 그와 더불어 먹고
> 그는 나와 더불어 먹으리라 계 3:20

우리나라 유명한 목사님이나 전도자가 서울역에서 전도한다고 가정해 보자. 그 유명한 분들이 수십 명 모여 서울역 대합실에서 뜨겁게 기도하고 예수님의 십자가와 부활의 복음을 전했을 때 과연 얼마나 예수님을 믿겠다고 할까. 전도 대상자들이 마음 문을 굳게 닫고 있다면 아무리 능력 있는 목사님이나 전도자가 복음을 전해도 그들의 귀에는 '우이독경'이나 다름 없다. 그러나 그중에 마음 문이 열려 있는 사람이 있다면 그들은 목사님의 말씀을 꿀송이처럼 달게 들으며 예수님을 믿고 영접할 것이다. 그러므로 전도에 있어서 첫 번째 단계인 전도 대상자의 마음 문이 열리는 단계가 매우 중요하다.

전도 대상자의 마음 문이
열리는 단계
◇◇◇

그렇다면 전도 대상자들은 어떤 상황에서 자신들의 마음 문을 열

게 될까?

1. 예수님의 사랑이 흐를 때 마음 문을 연다

콩팥이 나빠 진료를 받는 80세 어르신이 있다. 어르신은 병실 문을 열고 들어오면서 "콩팥 할머니 왔어"라고 말한다. 콩팥 기능이 많이 안 좋고 연세도 있어서 언제 하늘나라에 갈지 몰라 예수님 믿으라고 몇 번 권유했으나 듣지 않으셨다. 나중에 알고 보니 같이 사는 큰아들이 절에 다니기 때문에 거절하셨던 것이다. 평소에는 큰아들 집에서 한 달에 한 번 병원에 내원하다가 며칠 치료 받을 일이 생기면 병원과 가까운 둘째 아들 집에 머무르면서 내원을 했다. 어느 날 대상포진에 걸려 종합병원에 다니다가 나아지는 게 없다며 둘째 며느리와 함께 우리 병원에 오셨다.

신실한 크리스천인 둘째 며느리가 시어머니를 대하는 모습을 보면 정성이 대단하다. 나도 처음에는 친정엄마와 딸인 줄 착각할 만큼 극진히 보살폈다. 그 모습을 보니 할머니에게 다시 예수님을 전하고 싶었다. 평소 접촉점으로 잘 사용하는 "교회에 다니신 적은 없나요?"라고 물으니, 과거 교회에 다녔다고 말씀하신다. 그래서 집 나간 자식을 이사도 가지 않고 기다리는 부모처럼 하나님이 지금 할머니를 기다리신다는 이야기를 전하면서 나 같으면 며느리 보고서라도 교회에 나가겠다고 했더니 아무 대답 없이 얼굴이 약간 굳어져서 나가셨다. 다음 날 다시 오신 할머니는 먼저 이야기를 꺼내셨다.

"어젯밤 꿈에 하나님이 나를 부르신다고 했어. 사실 며느리를 보면 하나님이 살아 계신 것 같아."

그러면서 "이번 주에 교회에 갈게" 하셨다. 할머니는 지금까지 신앙생활을 잘하고 계신다.

이처럼 사랑은(며느리의 섬김) 전도 대상자의 마음 문을 여는 데 매우 중요하다. 금방 마음 문이 열리지 않더라도 계속 사랑을 전하면 결국에는 서서히 열린다.

얼마 전에 예수님을 영접하고 교회에 나가기로 약속한 여자 환자분이 한 말이다.

"원장님, 평소에도 가난한 이웃을 돌보신다는 것을 알고 있었는데 지난번 지역 신문을 보니 많은 후원금으로 어려운 사람들을 도왔다는 기사를 보고 감동을 받았습니다."

이 말을 들으면서 알게 모르게 퍼져 나가는 그리스도인들의 사랑 실천이 믿지 않는 사람들의 마음 문을 여는 데 상당히 기여한다는 것을 느꼈다.

얼마 전 내가 섬기고 있는 인천시기독의사회 정기 모임이 있었다. 인천시기독의사회는 한국외국인선교회(FAN)에서 매 주일 오후 필리핀, 방글라데시, 인도네시아 등에서 온 외국인 근로자들을 위해 의료봉사를 하고 있다. 담당 선교사님이 "국내에 들어온 외국인들의 마음 문을 여는 데 매우 중요한 역할을 하는 것은 바로 여기 계신 원장님들이 섬겨 주시는 사랑입니다"라고 말했다.

그렇다. 전도 대상자들의 마음 문을 여는 데 있어서 예수님의 사랑을 전하는 것은 매우 중요하다.

> 이같이 너희 빛이 사람 앞에 비치게 하여 그들로 너희 착한
> 행실을 보고 하늘에 계신 너희 아버지께 영광을 돌리게 하
> 라 마 5:16

종종 환자들에게서 "원장님은 항상 똑같아요. 변함이 없어요"라는 말을 듣는다. 나도 사람이기에 환자들을 대하면서 감정에 따라 행동하고 말하기도 하지만 내 직장(병원)이 선교지라는 마음으로 가능하면 사랑의 마음을 담아 환자를 대하려고 애쓴다. 사랑은 줄 때 행복해진다는 말이 있듯이 환자들을 사랑으로 대한 후 집에 돌아올 때는 내 마음속에 평안이 가득한 것을 느낀다. 이 평안은 하나님이 주시는 보너스 선물이다.

예수님의 사랑은 우리의 삶을 통해 전해지기도 하지만, 병이 들거나 어려운 일을 당한 사람들을 위해 진실한 마음으로 손잡고 기도해 주는 것도 예수님의 사랑을 전하는 좋은 방법 중의 하나다. 종교가 달라도 기도해 준다고 하면 거절하는 사람이 거의 없다. 오히려 고

맙다고 말한다.

예수님은 제자들에게 '서로 사랑하라'는 새 계명을 주셨다. 교회 안의 형제자매끼리 서로 사랑할 때 그 사랑이 이웃에게 퍼져 많은 사람들이 하나님을 보게 될 것이라고 말씀하셨다.

> 새 계명을 너희에게 주노니 서로 사랑하라 내가 너희를 사
> 랑한 것같이 너희도 서로 사랑하라 너희가 서로 사랑하면
> 이로써 모든 사람이 너희가 내 제자인 줄 알리라 요 13:34-35

교회 안에서의 분쟁이 종종 방송과 신문 지면을 통해 알려진다. 이런 분쟁이 오래 지속되면 그 교회의 주변 주민을 전도하기가 어렵다.

내가 살고 있는 동네에 아주 좋은 교회가 있었다. 그런데 어느 날 교회 안에서 내분이 일어나더니 심지어 법정까지 간 데다 경찰들이 와서 싸움을 말리는 일까지 생겼다. 수년 동안 이 분쟁이 지속되자 교회 안에서 서로를 위해 기도하고 위해 주던 지체 간에 봉합하기 어려운 상처가 생겼고, 결국 많은 사람들이 여러 교회로 뿔뿔이 흩어졌다. 교회 주변의 주민들이 교회를 바라보는 시각도 부정적으로 변했다. 만일 그 교회 주변 주민들에게 "예수님 믿어 보세요. 그러면 행복해집니다" 하고 말한다면 그들은 아마 "너나 잘 믿으세요"라고 대답할 것이다.

예수님은 먼저 믿은 우리에게 '서로 사랑하라'고 말씀하셨다. 그 사랑이 교회 밖으로 흘러넘쳐 세상 사람들이 우리를 보고 예수님의 제자라고 인정하기를 원하신다.

2. 예수님의 능력이 드러날 때 마음 문을 연다

간증이란 나와 주변 성도들에게 역사하신 예수님의 능력을 전도 대상자들에게 전하는 것이다. 예수님은 처음 갈릴리에서 전도하실 때 많은 사람들의 병과 약함을 치유해 주셨다.

> 예수께서 온 갈릴리에 두루 다니사 그들의 회당에서 가르 치시며 천국 복음을 전파하시며 백성 중의 모든 병과 모든 약한 것을 고치시니 마 4:23

이후에도 예수님의 기적과 능력은 계속되었다. 예수님은 이런 기적적인 사건을 아무에게도 말하지 말라고 하셨지만 어떤 경우에는 오히려 이웃에게 전하라고 하셨다(간증). 예수님이 거라사 지방에서 군대귀신 들린 자를 치료하신 적이 있다. 병에서 치유 받은 자가 예수님의 제자가 되기 위해 예수님 따르기를 원했다. 그러나 예수님은 허락하지 않으시고 가족과 이웃에게 예수님에 대해 간증하라고 하셨다.

예수께서 배에 오르실 때에 귀신 들렸던 사람이 함께 있기
를 간구하였으나 허락하지 아니하시고 그에게 이르시되 집
으로 돌아가 주께서 네게 어떻게 큰일을 행하사 너를 불쌍
히 여기신 것을 네 가족에게 알리라 하시니 막 5:18-19

요한복음 9장에는 날 때부터 맹인이 된 사람과 예수님이 만나는
장면이 나온다. 예수님이 땅에 침을 뱉은 후 진흙을 이겨 그의 눈에
바른 뒤 실로암 못에 가서 눈을 씻으라고 하셨다. 그는 예수님 말씀
에 순종하였고, 그 결과 눈이 떠져 사물이 보이기 시작했다. 그날이
마침 안식일이었는데 이것을 핑계로 예수님을 모함하려는 바리새인
들이 치료 받은 맹인을 찾아가 예수님이 죄인임을 고백하라고 종용
한다. 그러나 그는 나의 눈을 뜨게 해 주신 분이 바로 그 예수님이라
고 간증한다.

대답하되 그가 죄인인지 내가 알지 못하나 한 가지 아는 것
은 내가 맹인으로 있다가 지금 보는 그것이니이다 요 9:25

예수님은 지금도 우리 삶 속에서 큰 능력을 베푸시는데 나와 성도
들에게 역사하신 예수님의 능력을 전도 대상자들에게 전하기를 원
하신다. 바로 이런 간증들이 전도 대상자들의 마음 문을 열어 준다.

피부에 발적과 물집이 생기면서 그 부위에 심한 통증이 오는 대상 포진이라는 병이 있다. 병이 발병한 후 가급적 빨리 병원에 가서 치료하면 많은 경우 후유증 없이 낫는데 어떤 경우는 통증이 지속되기도 한다. 대상포진에 걸려 다른 병원에서 치료 받다가 통증이 지속되어 우리 병원에 온 60대 남자분이 있다. 2주 넘게 통증이 지속되어 아무래도 대상포진에 대한 후유증이 남을 것 같았다. 하도 통증을 심하게 호소하기에 "나는 교회에 나가는 사람이니 함께 하나님께 기도를 드리자"고 했다. 감사하게도 그다음 날부터 통증이 가라앉기 시작했다.

　　"하나님께서 선생님을 치료해 주셨습니다. 예수님을 믿으세요" 하자 그는 그 자리에서 예수님을 영접하더니 그 주에 교회에 나가 등록했다. 평소 믿는 자녀가 교회에 나가자고 하였으나 귀 기울이지 않다가 기도를 받고 통증이 사라지면서 마음 문이 열리게 된 것이다.

　　저녁식사 후 항생제를 먹고 나서 밤중에 가슴 통증이 생겨 내원한 여자분이 있었다. 내시경을 해 보니 식도에 심한 궤양이 있었다. 일반적인 식도궤양에 대한 약물치료를 하였으나 증상이 호전되지 않고 심한 고통을 호소했다. 그래서 "함께 기도하자"고 권유하고 통증이 없어지길 기도했다. 다음 날 그분이 매우 좋아져서 병원에 왔기에 인간의 한계와 의사의 한계, 그리고 살아 계신 하나님에 대한 이야기를 간단히 한 후 교회에 다니는지 물어보았다. 과거에 다녔다고 하기에 신앙을 회복하기를 권유했다. 이분에게는 시간이 없어 복음을 전하지 못했지만 "시간이 되면 교회에 나가겠다"는 약속을 받았다.

이처럼 하나님의 능력을 입술로 전하거나 함께 경험할 때 전도 대상자의 마음 문이 열릴 수 있다. 간증은 어떤 특별한 기적과 같은 일을 의미하는 게 아니다. 예수님을 믿은 후 "마음이 편안해졌어요" "불면증이 없어졌어요" 같이 변화된 나의 모습을 전해도 좋고, 교회에 나온 후 술과 담배를 끊고 행복하게 살아가는 주변 성도들의 이야기를 전해 주는 것도 좋다.

과음으로 위나 간이 나빠진 사람에게 내가 자주 하는 이야기가 있다.

"아이들이 어떤 장난감을 갖고 놀다가 새로 선물 받은 장난감이 마음에 들면 지금까지 그렇게 아끼던 장난감은 버려두고 새 장난감만 갖고 노는 것 아시지요? 선생님도 교회에 나가서 예수님 믿게 되면 선생님도 모르게 술 담배를 끊을 수 있습니다. 실제 내 주위에는 술 담배 끊고 예수님 잘 믿는 사람들이 많습니다. 제 친구들은 일요일에 등산을 하거나 골프장에 가지만 저는 꼭 교회에 갑니다. 교회에 가면 이 세상이 주는 어떤 것보다도 내 마음이 편안해지고, 행복해지기 때문입니다."

예수님을 믿고 난 후 자신이나 주변 사람들에게 있었던 긍정적인 변화에 대해 전도 대상자에게 이야기할 때 그들의 마음 문이 조금씩 열리는 것을 볼 수 있다. 전도자는 전도 대상자들에게 전할 자신의 간증 한두 개를 준비하고 있으면 좋다.

3. 적절한 접촉점은 마음 문을 여는 도구가 된다

전도 대상자들이 한 말이나 그들이 처한 여러 상황을 접촉점으로 삼아 적절한 말을 해 줄 때 그들의 마음 문이 열릴 수 있다.

1) 말꼬리 잡아 전하기

일종의 '끝말잇기 게임'처럼 상대방이 한 말을 소재로 이야기를 전개하거나 질문으로 확장해 가는 방식으로 복음을 전한다.

두려움을 접촉점으로 삼는다

"저는 병원과 경찰서가 제일 무서워요."

60세 여자 환자분이 진료를 마치고 일어나면서 이렇게 말했다. 나는 무섭다는 말을 접촉점으로 삼아 다음과 같이 말을 이어 갔다.

"아 그러시군요. 잠깐 앉아 보세요. 그런데 병원과 경찰서보다 더 무서운 곳이 있는데 아시나요? 그곳은 지옥입니다. 지옥에는 뜨거운 불이 있는데 그 불은 꺼지지도 않습니다. 천국에 가지 못하고 지옥에 간 사람들은 그 불 속에서 영원히 고통을 당한다고 합니다."

"나는 천국과 지옥을 믿지 않아요. 천국과 지옥이 실제 있나요? 원장님은 가 보셨나요?"

"꼭 가 봐야 아나요? 선생님은 미국이 있는 것은 믿지요? 미국에 직접 안 갔어도 신문이나 TV를 보고 미국이 있는 것을 알 수 있지요. 아프리카는 가 봤나요? 아프리카가 멀어서 가 보지는 못했어도 역시 아프리카가 있는 것을 사람들은 알지요."

"그건 그렇군요."

"이처럼 천국과 지옥도 우리가 직접 가 보지는 않았지만 있다는 것만큼은 사실입니다. 천국과 지옥에 대해서는 이 세상에서 가장 많이 팔리는 베스트셀러인 성경에 자세히 기록되어 있습니다."

환자분이 긍정적인 반응을 보였다. 대기실에 환자가 없는 것을 확인한 후 성경을 요약한 내용을 잠시 말해 준다고 하면서 전도지를 사용하여 복음을 전했다. 전도 대상자는 예수님을 영접하였으나 교회로 인도되지는 못했다. 대신 시간이 되면 교회에 가겠다는 약속은 받았다. 시간이 없어서 전도 대상자에게 '왜 교회에 나가야 하는지'를 말해 주지 못한 것이 못내 아쉽다.

죽음을 접촉점으로 삼는다

노인 환자분들 중에는 "왜 죽지도 않는지 모르겠어! 얼른 죽어야 할 텐데"라고 말하는 분들이 종종 있다. 이런 경우에 죽음이라는 단어를 접촉점으로 삼아 말을 이어 간다.

예1: "그렇지요. 우리는 모두 죽지요. 육상에서 달리기를 하면 목적지가 반드시 있듯이 사람도 마지막으로 도착하는 곳이 있습니다. 그곳은 바로 죽음의 문입니다. (주위에 있는 문을 가리키면서) 죽음의 문을 열지 않는 사람은 아무도 없습니다. 성경은 "한 번 죽는 것은 사람에게 정해진 것이요 그 후에는 심판이 있으리니"(히 9:27)라고 말씀하고 있습니다. 죽음의 문을 열면 실제로 천국과 지옥이 우리 앞에 있다는 것입니다. 천국과 지옥이 진짜로 있어서 지옥에 간다고 생각하면 얼마나 끔찍한 일인가요. 선생님은 악몽을 꾸어 본 적이 있나요? 지옥은 그 꿈과 비교할 수 없을 만큼 무서운 곳입니다. 아무리 무서운 꿈이라도 꿈은 다음 날이면 깹니다. 그러나 지옥은 영원히 지속됩니다. 그리고 예수님을 믿다가 죽었는데 설사 천국과 지옥이 없다고 해도 선생님이 손해 볼 일은 아니지요. 그럼 어떤 사람이 천국 문을 통과할 수 있는지 말씀드려 보겠습니다."

예2: "그래요, 우리는 모두 죽습니다. 그런데 사람들이 멀리 여행 갈 때 꼭 해야 할 일이 있습니다. 그것은 숙소를 예약하는 것입니다. 만일 해외나 제주도에 놀러 가는데 숙소를 예약하지 않고 갔다가 막상 잠잘 방이 없다면 얼마나 낭패일까요? 그날로 다시 올라오는 일이 벌어질 수도 있습니다. 그렇기에 우리는 목적지에 가기 전에 반드시 숙소를 예약합니다. 우리 모두 죽는 것이 사실이라면 선생님은 죽은 후 갈 곳을 미리 예약해 놓았나요?"

(예스와 노 대답과 관계없이 다음 질문으로 넘어간다.)

"그럼 제가 질문 두 가지를 드리겠습니다. 첫 번째는 지금 이 건물이 무너져 저와 함께 죽었다고 가정해 봅시다. 그럼 선생님은 천국에 갈 수 있다고 생각하나요? 두 번째는 어떻게 해야 천국에 들어갈수 있다고 생각하나요?"

(이 두 가지 질문 후 복음으로 연결하는 방법은 뒤에서(143쪽) 나오기 때문에 생략한다.)

담배를 접촉점으로 삼는다

50대 여자 환자분이 혈압으로 내원했다. 20대부터 담배를 피웠다고 한다. 30년 동안 담배를 피운 여자 환자를 보니 측은한 마음이 들어 그분에게 예수님을 소개하고 싶었다. 그래서 담배를 접촉점으로 삼아 대화를 이어 갔다.

"담배는 백해무익하다고 합니다. 백 가지 해는 있어도 유익한 것은 하나도 없다는 말이지요. 이번 기회에 금연하면 좋겠습니다."

"노력하긴 하는데 어렵네요."

"그래요? 예수님을 제대로 만나면 담배를 끊을 수 있을 겁니다."

"예수님을 만나면 담배가 끊어지나요?"

"그래요, 아이들이 새 장난감이 생기면 전에 갖고 놀던 장난감은

쳐다보지도 않는 것처럼 선생님도 예수님을 만나 그분이 좋아지면 담배를 저절로 끊게 될 것입니다. 내 주위에는 예수님 믿고 나서 그토록 좋아하던 술 담배를 끊은 사람이 얼마나 많은지 모릅니다."

그러나 이분은 안타깝게도 친정 식구들은 대부분 교회에 나가는데 자신만 안 나간다고 했다. 나는 따로 시간을 내어 복음을 전하고 싶다고 했으나 "원장님 얘기를 듣고도 내 마음이 열리지 않는다면 아무 소용이 없을 겁니다" 하면서 끝까지 약속을 하지 않고 진료실에서 나갔다.

전도를 하면서 계속 느끼는 것은 전도 대상자들이 마음 문을 여는 것, 마음 문을 열고 복음을 듣는 것, 복음을 듣고 예수님을 영접하는 것 모두가 내 노력이나 지혜로 되는 것이 아니라는 것이다. 이 모든 것은 성령님에 의해 이루어진다. 나는 단지 그들의 마음 문을 두드릴 뿐이다.

> 내 말과 내 전도함이 설득력 있는 지혜의 말로 하지 아니하고 다만 성령의 나타나심과 능력으로 하여 고전 2:4

휴가철에는 휴가 이야기를 접촉점으로 삼는다

많은 환자들이 여름 휴가 직후에는 묻지 않아도 휴가 이야기를 먼저 꺼낸다.

"원장님, 휴가 잘 다녀오셨나요?"

"네, 잘 다녀왔습니다."

"좋은 데 갔다 오셨지요?"

"네, 저는 휴가를 대부분 교회 팀(식구)과 함께 갔다 옵니다. 혹시 교회에 다니시나요?"

"아니오."

"교회에 다니면 참 좋아요, 얼마나 좋으면 내가 휴가를 교회 팀과 함께 보내겠어요. 그럼 잠깐 교회의 주인이신 예수님에 대해서 소개해 드리고 싶네요."

이처럼 '끝말잇기 게임'을 하듯이 상대방의 말을 접촉점으로 삼아 복음을 전할 수 있다. 말꼬리를 잘 잡기 위해서 꼭 필요한 것이 있다면 그것은 바로 전도에 대한 집중력이다.

2) 반대 질문 이용하기

전도 대상자가 교회에 대한 부정적인 생각으로 공격하는 질문(반대 질문)을 하는 경우가 종종 있다. 이때 공격적인 질문을 접촉점으로 삼아 복음을 전할 수 있다. 질문에 대한 적절한 대답은 전도 대상자의 부정적인 마음을 긍정의 마음으로 바꾸어 전도 대상자의 마음 문을 열게 할 수 있다. 이 항목은 나중에 'Part 3. 전도 중에 만나는 반대 질문들'에서 자세히 다루겠다.

3) 전도 대상자가 처한 상황 활용하기

전도 대상자들이 처한 상황은 각각 다르다. 특히 질병이나 사고 등으로 마음이 힘들 때 찾아가 위로해 주고 따뜻한 마음을 전하며 복음을 전한다면 예수님의 사랑이 그들 마음에 닿을 것이다. 우리는 교통사고로 오랫동안 병원에 누워 있는 사람, 다음 날 수술을 앞둔 사람, 암으로 투병 중인 사람, 갑자기 폐렴이 생겨 입원한 사람 등 주변에서 일어나는 각각의 상황들을 접촉점으로 삼아 복음을 전할 수 있다.

다리 골절 등 회복 가능한 질병으로 장기 입원을 한 사람에게는 '하프타임'을 접촉점으로 삼는다.

"안녕하세요? 다리에 골절상을 입으셨군요. 얼마나 아프셨나요? 힘드시지요? 선생님을 보니 축구 경기의 하프타임이 생각납니다. 하프타임에는 두 가지 의미가 있습니다. 첫 번째는 휴식이지요. 전반전에 고갈된 체력을 휴식(쉼)을 통해 힘을 비축함으로써 후반전 경기를 준비하는 것이지요. 두 번째는 전반전을 돌아보며 후반전을 위한 새로운 전략을 짜는 시간입니다. 전반전에 실패했어도 하프타임을 잘 이용해 작전을 잘 짜면 그 경기에서 이기게 됩니다. 그래서 하프타임을 잘 보내는 것이 매우 중요합니다. 이 병상에서의 시간도 아마 선생님 인생의 하프타임이 아닌가 생각됩니다. 이 시간을 잘 보낸다면 선생님의 후반전 인생도 멋지고 성공할 것입니다. 그런데 하프타임 때 중요한 것은 자기 혼자 작전을 짜는 것이 아니라 반드시 감독의 지시나 인도를 받아야 한다는 것입니다. 선생님도 이 하프타임에 우리 인생의 감독자가 되시는 하나님(또는 예수님)의 인도를 받으시기 바랍니다. 잠시 시간을 내주시면 하나님(예수님)을 소개하고 싶습니다.

수술을 앞둔 사람에게는 전지전능하신 하나님을 의지하도록 권유한다.

"내일 수술에 들어가시나요? 걱정되시지요? 마취를 할 때 혹시 깨어나지 않으면 어쩌나 하는 걱정과 함께 수술 결과가 나쁠까 하는 두려움도 있지요? 그러나 내일 일을 아는 사람은 아무도 없습니다. 아니 5분 후의 일도 알지 못하지요. 만일 5분 후의 일을 미리 안다면 교통사고로 사망할 사람이 누가 있겠습니까? 선생님도 수술을 앞두고 생각이 많으시지요? 그렇지만 선생님은 수술을 집도할 의사를 믿기에 수술을 받으실 것입니다. 이처럼 누구를 믿는다는 것은 매우 중요하지요. 그런데 이 세상에서 완전한 사람은 아무도 없습니다. 온 우주 만물을 만드시고 사람을 지으신 하나님만이 완전하고 전능하신 분입니다. 그 하나님께서 '두려워하지 말라 내가 너와 함께함이라 놀라지 말라 나는 네 하나님이 됨이라 내가 너를 굳세게 하리라 참으로 너를 도와주리라 참으로 나의 의로운 오른손으로 너를 붙들리라'(사 41:10)고 말씀하고 있습니다. 그 하나님이 선생님을 도와주실 것입니다. 잠시 시간을 내주시면 그 하나님을 소개하고 싶습니다."

4) 복음 듣기를 거부하는 사람을 위한 접촉점

복음의 메시지를 전하고 싶은데 듣기를 거부하는 경우 다음 두 가지 예화를 들면서 마음 문을 두드려 본다.

첫째, 어린 시절에 몸이 아파 식욕이 떨어져 식사를 못하고 있으면 어머니가 죽을 끓여 와서 하던 말씀이 있다. "한 숟갈만 먹어 봐라. 한두 숟갈 먹다 보면 식욕이 생긴단다." 실제로 처음 한두 숟갈 먹다 보면 식욕이 생겨 나머지 죽을 다 먹던 기억이 있을 것이다. 이런 경우를 이용하는 것이다.

"선생님, 식욕이 없어 어떤 음식도 먹기 싫을 때 식구들이 일단 음식을 먹어 보라고 권하여 한두 숟갈 음식을 먹다 보면 음식 맛이 살아나 식사를 했던 경험이 있나요? 그렇듯이 제가 전하는 이야기를 (성경 말씀, 예수님 말씀) 듣다 보면 무언가 관심이 생겨 예수님을 믿게 될 수 있습니다."

둘째, 옛날에 펌프로 지하수를 끌어올려 물을 마시던 시절이 있었다. 펌프로 물을 끌어올리기 전에 먼저 물을 조금 넣고 펌프질을 하는데 그 물을 마중물이라고 한다. 이 마중물이라는 표현을 사용하여 복음을 전한다.

"선생님, 시골에서 펌프질을 하기 전에 먼저 마중물을 넣지요? 마

중물을 넣고 펌프질을 하면 지하에 있는 물이 올라오듯이 제가 전하
는 이야기를(성경 말씀) 듣다 보면 마치 마중물처럼 '그래, 나도 교회
에 나가야겠구나'라는 생각이 들 수 있습니다."

4. 고난을 통해 마음 문이 열린다

고난을 당하면 사람들은 고개를 숙이고 겸손해진다. 이것은 신앙
인이거나 비신앙인이거나 매한가지다. 그래서 고난은 축복이라고
한다. 고난을 당하면 세상으로 향하던 시선을 하나님께로 돌리게 되
며, 하나님에 대하여 부정적이던 마음이 긍정적으로 바뀌게 된다.

이스라엘 백성도 마찬가지였다. 이스라엘 백성은 하나님의 인도
와 보호로 모든 것이 형통할 때는 점차 하나님을 떠나 세상의 쾌락
을 좇으며 하나님이 싫어하는 죄를 지었다. 그러면 하나님은 자기
백성을 돌이키기 위해 고난을 주셨고, 이스라엘 백성은 낮아져서 회
개하며 하나님께 돌아왔다. 오늘을 사는 우리도 마찬가지다. 고난만
큼 전도 대상자들의 마음 문을 여는 데 효과적인 것이 없다.

20년 동안 테니스를 함께 친 테니스 동호회의 지인이 있다. 아내
가 사망했을 때도 스님들이 주관해서 불교식으로 장례를 치를 정도
로 독실한 불교 신자였다. 그의 집에 방문한 적이 있는데 거실에 커
다란 달마도 그림이 걸려 있었다. 내가 교회에 가자고 권유하자 "원
장님, 내가 원장님한테 절에 가자고 하면 가실래요?" 하기에 대응할

말을 못 찾고 물러서야 했다.

이후 그 친구가 여러 고난을 만나 힘들었을 때, 시간을 내 복음을 전하자 그는 생각지도 않게 예수님을 영접했다. 그 친구가 마음 문을 열고 예수님을 영접한 것은 내가 복음을 잘 전하고 능력이 있어서가 아니다. 많은 고난을 통해 마음 문이 열리고 마음 밭이 옥토가 되었기에 순수하게 복음을 받아들일 수 있었다고 생각한다. 시편 기자도 고난을 받은 후 하나님을 향한 자신의 마음이 바뀌었다고 고백했다.

> 고난당하기 전에는 내가 그릇 행하였더니 이제는 주의 말
> 씀을 지키나이다 시 119:67

> 고난당한 것이 내게 유익이라 이로 말미암아 내가 주의 율
> 례들을 배우게 되었나이다 시 119:71

이처럼 고난은 아주 효과적으로 사람의 마음 문을 열게 하는 하나님의 특별한 방법이다.

열린 마음에

예수님의 복음을 전하는 단계

◇◇◇

전도의 실제에서 두 번째 단계는 전도 대상자의 열린 마음에 예수님의 복음을 전하는 것이다. 여기서는 '복음 전도'라고 표현하고 싶다. 복음 전도는 전도를 마무리하고 완성하는 화룡정점에 해당한다고 할 수 있다. 복음 전도(메시지) 내용은 'Part 4. 최고의 행복을 전하자'에서 자세히 다루겠다.

1. 복음 전도(메시지 선포)는 매우 중요하다

오래전에 영화 〈태극기 휘날리며〉를 본 적이 있다. 마지막 장면이 주인공들이 전쟁에서 승리한 후 태극기를 꽂는 장면이다. 그것은 이제 이 땅은 우리 땅이라는 의미다. 일본 사람들은 우리나라 독도를 자기네 땅이라고 우기면서 '다케시마'라고 부른다. 그들이 아무리 그렇게 외쳐도 독도는 일본 땅이 아니다. 독도에는 대한민국의 상징인 태극기가 휘날리기 때문이다.

전도도 마찬가지다. 영적 전쟁에서 마지막 승리는 전도 대상자에게 복음의 깃발을 꽂는 것이다. 삶으로 예수님의 사랑을 전하고, 간증으로 예수님의 능력을 전하는 것도 중요하나, 무엇보다 전도 대상자에게 예수님의 복음(말씀)을 전하는 것이 마지막 승리의 깃발을 꽂는 것처럼 중요하다.

그렇다면 이 복음 전도가 어째서 그토록 중요한가?

복음 전도에는 전도 대상자가 예수님을 나의 구원자요 주님이라고 고백하고 회개하는 과정과 예수님을 영접하는 과정이 있기 때문이다. 여기에는 두 가지 의미가 있다.

첫째, 전도 대상자가 구원을 받는다.

> 네가 만일 네 입으로 예수를 주로 시인하며 또 하나님께서 그를 죽은 자 가운데서 살리신 것을 네 마음에 믿으면 구원을 받으리라 사람이 마음으로 믿어 의에 이르고 입으로 시인하여 구원에 이르느니라 롬 10:9-10

> 내가 복음을 부끄러워하지 아니하노니 이 복음은 모든 믿는 자에게 구원을 주시는 하나님의 능력이 됨이라 먼저는 유대인에게요 그리고 헬라인에게로다 롬 1:16

둘째, 전도 대상자가 하나님의 자녀로 회복된다.

사람은 본래 하나님의 자녀로 창조되었다. 그런데 사람이 하나님께 불순종하여 죄를 지어서 하나님을 떠나게 된 것이다. 전도 대상자가 복음을 통해 자신의 죄를 자백하고 예수님을 영접하면 죄로 인해 분리된 하나님과의 관계가 다시 회복되며 하나님의 자녀가 된다.

> 만일 우리가 우리 죄를 자백하면 그는 미쁘시고 의로우사
> 우리 죄를 사하시며 우리를 모든 불의에서 깨끗하게 하실
> 것이요 요일 1:9

> 영접하는 자 곧 그 이름을 믿는 자들에게는 하나님의 자녀
> 가 되는 권세를 주셨으니 요 1:12

이처럼 죽어 가는 영혼이 예수님을 믿어 구원을 받고 하나님의 자녀가 되는 복음 전도는 영적 전쟁에서 마지막에 꽂는 승리의 깃발이며 전도의 완성이 된다.

2. 전도 대상자가 알아듣는 말로 전한다

지하철이나 버스 정거장 등지에서 "예수 천당! 불신 지옥!"이라고 외치는 사람들을 종종 본다. 믿는 사람들은 이 말이 의미하는 바를 잘 안다. 그러나 믿지 않는 사람들에겐 전혀 공감되지 않는 말이다. 그런 까닭에 복음을 전할 때는 우리끼리 통하는 교회 용어(예를 들어 할렐루야, 성령님, 방언 등)를 피하고 일반인들이 알아듣기 쉬운 말로 해야 한다. 어린이에게는 어린이 용어로, 노인에게는 노인의 정서에

맞는 말로 전해야 한다. 전도 대상자의 눈높이에 맞추어 전도하라는 얘기다. 공장에서 대량 생산하듯이 일률적인 말로 복음을 전하는 것도 피해야 한다.

예수님도 전도 대상자의 눈높이에 맞춰서 복음을 전하셨다. 특히 주변의 환경이나 생활에서 쉽게 접하는 것을 소재 삼아 예화로 만들어 말씀 전하기를 즐겨 하셨다. 우리 역시 복음을 전할 때 스토리텔링을 이용하면 좋다.

전도 대상자들이 알아듣기 쉽게 체계적으로 만들어진 복음 전문을 흔히 전도 tool(도구)이라고 한다. 우리나라에서 대표적인 전도 tool에는 사영리, 전도폭발, 다리예화 그리고 '최고의 행복'이 있다. 이 내용들을 잘 숙지하여 예수님을 전한다면 복음이 더 효과적으로 전해질 수 있다.

만일 전도 tool(도구)이 생각나지 않는다면 그날 묵상한 말씀이나 주일에 들은 목사님의 설교를 요약해서 전하면 된다. 이 경우에는 가급적 예수님께서 우리의 죄 값을 치르기 위해 십자가에서 죽으시고 3일 만에 부활하신 내용을(고전 1:18, 23, 행 2:32, 3:15, 4:33, 5:32) 추가하여 전하면 좋다.

가장 중요한 것은 이런 복음 메시지에 성령님의 기름 부으심이 반드시 필요하다는 것이다. 전도는 전도자의 능력으로 하는 것이 아니라 성령님의 능력으로 하는 것이기 때문이다.

내 말과 내 전도함이 설득력 있는 지혜의 말로 하지 아니하

고 다만 성령의 나타나심과 능력으로 하여 고전 2:4

전도의 실제에서 대상자의 마음 문이 열리는 단계도 중요하고 그 열린 마음에 복음을 전하는 단계도 중요하다. 어느 한 과정만 빠져도 복음은 전해지지 않는다. 누군가는 전도 대상자의 마음 문을 열고 누군가는 그 전도 대상자에게 복음을 전한다. 그래서 하나님은 이 두 단계를 한 단계로 보실 것이다.

나는 심었고 아볼로는 물을 주었으되 오직 하나님께서 자

라나게 하셨나니 고전 3:6

3. 성령님께 맡긴다

누가 전하는가?

첫째, 전도는 성령님이 하신다.

전도에는 전도자의 의지도 필요하다. 그러나 전도하다 보면 우리의 노력을 넘어 보이지 않는 어떤 힘이 있다는 것을 경험하곤 한다. 전도하고 싶어 111 전도를 아무리 외쳐도 열매가 없는 날이 있는 반면에 어떤 날은 하루에도 몇 명씩 전도의 열매를 맺기도 한다.

나는 진료 차트 메모란에 전도한 흔적을 남겨 놓는다. 전도하여

예수님을 영접한 경우에는 '영', 이미 예수님을 믿고 교회에 다니는 사람은 '기', 종교가 불교이면 '불', 천주교이면 '천', 이단인 경우에는 이름을 따서 '안식' '남묘' 등, 전도했으나 열매가 없는 경우에는 계속적인 전도 대상자라는 의미로 '대', 금방 예수님을 믿을 것 같은데 시간이 없어 그냥 헤어진 경우나 다음에 꼭 다시 전도해야 할 대상은 '대+++'라고 십자가 표시를 몇 개 한다.

그런데 아무 표시도 없는 환자에게서 "원장님, 저 이제 교회 잘 나가고 있어요. 원장님이 전에 교회에 나가라고 했잖아요"라는 말을 듣곤 하는데, 이런 분들을 만날 때마다 전도는 성령님이 하시는 것이고 나는 단지 도구일 뿐이라는 생각이 절로 든다.

그리스도인의 삶 자체가 전도라고 하지만 내가 입을 벌려 예수님을 전하기 시작한 것은 1997년 10월부터다. 그 당시 순장님의 권유로 '하나님의 가정훈련학교'에 입학했는데, 두 번째 시간에 부부 사랑, 부부의 하나 됨에 대한 말씀이 큰 감동으로 다가왔다. 이후 나에게 맺힌 첫 번째 열매가 전도에 대한 열정이었다. 특별히 전도 훈련을 받은 것도 아니었다. 내 의지와 관계없이 예수님을 전하기 시작했다. "교회에 나가 보세요" "예수님 믿어 보세요. 너무나 좋아요" "예수님 믿으면 행복해집니다" 등 간단한 말로 교회에 나가기를 권유했다(나는 이것을 권유형 전도라고 말한다).

그런데 이처럼 간단한 몇 마디 말에도 예수님을 믿고 교회에 나가겠다는 사람들이 생겨났다. 나중에는 그들을 가까운 교회에 연결시켜 주었고, 교회에 나갔는지 전화해서 확인까지 해 보았다. 가장 왕성하게 전도의 바람이 불었던 1998년의 전도 노트를 보면 일주일에 한두 명씩 교회에 나갔고 지역 교회에 등록한 사람만 88명이었다. 물론 당시 교회에 등록하지는 않았지만 나중에 등록한 사람도 많았다. 이것은 분명 성령 하나님이 역사하신 것이었다.

지금은 전도에 대한 지식도 많이 생겼고 의지적으로 전도를 위한 노력도 하지만 전도의 열매는 그때와 비교하면 오히려 미약하다. 물론 열매로 판단하는 것이 옳은 것은 아니지만 그 당시 성령의 바람이 우리 병원을 휩쓸었던 것만은 확실하다.

전도가 내 의지보다는 성령님에 의해 행해져야 하는 이유가 있다. 바로 전도는 영적 전쟁이기 때문이다. 전도는 영적인 일이다. 육체를 갖고 있는 우리가 영적인 사탄을 일대일로 싸워 이긴다는 것이 쉽지 않다. 성령님과 함께할 때 이 전쟁에서 승리할 수 있다. 그래서 전도자는 순간순간 짓는 자신의 죄를 고백하여 그리스도의 보혈의 피로 씻김 받아 성령의 기름이 부어지기를 매일 기도해야 한다.

여기서 '나는 성령 충만하지도 않은데 어떻게 전도할 수 있을까?'라고 생각하는 사람이 있을 수 있다. 걱정할 것 없다. 예수님을 주님이라고 고백하는 모든 사람 안에 성령님이 임재하고 계신다. 결과는 하나님께 맡기고 내 안에 계신 성령님을 의지하여 내 입술을 벌리기만 하면 된다.

> 그러므로 내가 너희에게 알리노니 하나님의 영으로 말하는
> 자는 누구든지 예수를 저주할 자라 하지 아니하고 또 성령
> 으로 아니하고는 누구든지 예수를 주시라 할 수 없느니라
> 고전 12:3

둘째, 전도는 순종하는 자가 한다.

전도는 성령님이 하시지만 성령님은 육체가 없다. 그래서 하나님은 먼저 믿은 우리를 통해 영혼 구원의 일을 하기 원하신다. 그래서 사도 바울은 우리를 하나님의 동역자라고 하였다.

> 우리는 하나님의 동역자들이요 너희는 하나님의 밭이요 하
> 나님의 집이니라 고전 3:9

언젠가 〈블랙마운틴〉이라는 다큐멘터리를 본 적이 있다. 블랙마운틴은 과거 한국에서 선교 활동을 한 선교사님이나 그 후손들이 살고 있는 미국의 한 마을로, 다큐멘터리는 그곳에 사는 선교사님과 후손들의 증언으로 우리나라의 선교 역사를 살펴보았다. 맨 처음 화면이 어느 서예가가 굵은 붓으로 무언가를 써 내려가는 장면이었는

데, 자세히 보니 로마서 10장 15절 말씀인 "기록된 바 아름답도다 좋은 소식을 전하는 자들의 발이여 함과 같으니라"였다. 예수님을 믿으려면 예수님의 복음을 들어야 하며, 이 복음을 들으려면 누군가 전파하는 사람이 있어야 하고, 복음을 전파하려면 순종해서 누군가 보냄(파송) 받아 나가야 하는데, 하나님은 보냄 받아 나가는, 즉 순종하는 사람의 발걸음을 아름답게 보신다는 것이다(롬 10:13-15).

이처럼 복음 전파는 하나님 말씀에 순종하여 나아가는 보냄 받은 자의 발로부터 시작된다. 베드로와 안드레는 예수님이 함께 전도하러 가자고 했을 때 즉시 순종하였다.

> 말씀하시되 나를 따라오라 내가 너희를 사람을 낚는 어부
> 가 되게 하리라 하시니 그들이 곧 그물을 버려 두고 예수를
> 따르니라 마 4:19-20

이사야 선지자도 하나님의 말씀에 "나를 보내소서" 하고 순종하였다.

> 내가 또 주의 목소리를 들으니 주께서 이르시되 내가 누구
> 를 보내며 누가 우리를 위하여 갈꼬 하시니 그때에 내가 이
> 르되 '내가 여기 있나이다 나를 보내소서' 하였더니 사 6:8

하나님은 우리를 보내기 원하시고 또한 우리가 하나님 말씀에 순종하기 원하신다. 예수님은 지금도 우리를 추수할 일꾼으로 부르신다(마 9:37-38).

예수님은 부활하신 후 11명의 제자에게 복음 전파에 대한 지상 명령을 내리셨다(마 28:18-20). 그런데 이 명령을 받은 제자들의 신앙(믿음) 상태가 완벽했는가? 그렇지 않다. 제자들은 3년 동안 예수님과 함께 동거동락하며 직접 양육 받고 기적을 옆에서 지켜보았으나 예수님을 의심한 제자도 있었다. 그런 제자들에게 예수님은 전도에 대한 지상 명령을 내리신 것이다.

> 열한 제자가 갈릴리에 가서 예수께서 지시하신 산에 이르러 예수를 뵈옵고 경배하나 아직도 의심하는 사람들이 있더라 마 28:16-17

하나님은 완전한 사람을 원하시는 것이 아니라 순종하는 사람을 원하신다. 순종과 성령의 임재는 선순환이다. 순종하는 자에게는 성령을 주시고 성령이 임하면 또한 순종하게 된다.

> 우리는 이 일에 증인이요 하나님이 자기에게 순종하는 사람들에게 주신 성령도 그러하니라 하더라 행 5:32

전도(영혼 구원)는 비록 나 자신이 부족해도 영혼 구원에 대한 하나님의 마음을 품고 성령님을 절대적으로 의지하며 순종할 때 할 수 있다.

part 2

전도자가
갖추어야 할
자세

chapter 1.

항상
준비하라

미리

준비하라

◇◇◇

　　너희 마음에 그리스도를 주로 삼아 거룩하게 하고 너희 속
　　에 있는 소망에 관한 이유를 묻는 자에게는 대답할 것을 항

상 준비하되 온유와 두려움으로 하고 벧전 3:15

얼마 전 TV에서 세계 1, 2위를 다투는 테니스 선수들의 결승전을 보았다. 아나운서와 해설자가 "테니스는 손으로 치는 것이 아니라 발로 친다"고 말하는데 실로 오랜만에 듣게 되어 감회가 새로웠다. 나는 과거에 20년 넘게 테니스를 쳤을 뿐 아니라 10여 년 동안 인천시의사회테니스 회장을 지내기도 했다. 테니스를 발로 친다는 말은 테니스공이 내 코트로 넘어올 때 미리 발로 뛰어가 공이 떨어지는 지점에서 볼을 칠 준비를 하라는 뜻이다. 미리 준비할수록 테니스공을 내가 보내고 싶은 곳으로 보낼 수 있기 때문이다. 테니스뿐만 아니라 어떤 일에도 미리 준비하는 것이 매우 중요하다.

전도도 마찬가지다. 과연 예수님도 영혼 구원(전도)을 위해 미리 준비하셨을까? 당연히 그랬다.

첫째, 예수님은 전도에 앞서 기도하셨다.

예수님이 베드로 장모의 열병을 고쳐 주신 다음 날 새벽에 예수님은 기도하러 한적한 곳으로 가셨다. 베드로와 제자들이 예수님을 찾아와 "동네 사람들이 다 모여 주님을 찾고 있습니다" 했을 때 예수님은 "다른 마을로 가서 전도하자"고 하셨다. 새벽부터 한적한 곳을 찾아 기도한 이유는 당일의 전도를 위해서였던 것이다.

> 새벽 아직도 밝기 전에 예수께서 일어나 나가 한적한 곳으
> 로 가사 거기서 기도하시더니 막 1:35

말씀으로
무장하라

◇◇◇

둘째, 예수님은 언제 어디서든 시의적절한 말씀을 인용해 복음을 전하셨을 뿐 아니라 그 복음의 정당성을 입증하셨다.

예수님이 공생애를 시작하시기 전, 즉 전도하시기 전에 사탄에게 세 번 시험을 받으셨다. 이때 모두 기록된 말씀으로 사탄의 시험을 이기셨다. 사탄의 첫 번째 시험은 40일간 금식하여 굶주린 예수님에게 돌로 떡을 만들라며 먹을 것으로 유혹하는 것이었다. 이때 예수님은 신명기(8:3) 말씀을 인용해 사탄의 유혹을 뿌리칠 수 있었다.

> 예수께서 대답하여 이르시되 기록되었으되 사람이 떡으로
> 만 살 것이 아니요 하나님의 입으로부터 나오는 모든 말씀
> 으로 살 것이라 하였느니라 마 4:4

두 번째 시험은 예수님을 성전 꼭대기로 데려가서는 거기서 뛰어내리라는 것이었다. 그러면 천사가 받아 줄 것이라 사탄이 말하자

예수님은 이때도 말씀(6:16)으로 이기셨다.

> 예수께서 이르시되 또 기록되었으되 주 너의 하나님을 시
> 험하지 말라 하였느니라 마 4:7

마지막 시험은 사탄이 예수님을 높은 산으로 데려가 천하만국과 그 영광을 보여 주면서 만일 내게 엎드려 경배하면 이 모든 것을 주겠다는 것이었다. 예수님은 이 역시 말씀(6:13)으로 승리하셨다.

> 이에 예수께서 말씀하시되 사탄아 물러가라 기록되었으되
> 주 너의 하나님께 경배하고 다만 그를 섬기라 하였느니라
> 마 4:10

이처럼 예수님은 사탄과의 영적 전쟁에서 다른 무엇도 아닌 말씀으로 이기셨다. 전도자들도 영적 싸움인 전도에서 승리하기 위해서는 말씀으로 무장해야 한다. 이때 말씀이란 복음 전도 말씀(메시지)뿐만 아니라 전도 대상자가 기독교에 대해 공격적인 말을 할 때(반대 질문) 적절하게 대답(변증)할 수 있는 모든 말씀을 포함한다.

성령님과
함께하라

◇◇◇

셋째, 예수님은 공생애를 시작하기 전에, 즉 전도하기 전에 세례를 받고 하나님의 성령을 받으셨다. 사탄의 시험도 이 사건 이후에 일어났다. 우리는 이를 통해 영적인 싸움을 위해서는, 전도를 하기 위해서는 성령님과 함께해야 함을 배울 수 있다.

> 예수께서 세례를 받으시고 곧 물에서 올라오실새 하늘이
> 열리고 하나님의 성령이 비둘기같이 내려 자기 위에 임하
> 심을 보시더니 마 3:16

이처럼 예수님은 전도에 앞서 기도와 말씀 그리고 성령님의 임재로 준비하셨다. 전도는 영적 전쟁이기에 우리도 당연히 기도와 말씀으로 준비하고 성령님과 함께 나아가는 것이 매우 중요하다.

chapter 2

지금 이 순간에
집중하라

나는 물을 싫어하기 때문에 낚시를 거의 하지 않는다. 청년 시절에 교회 집사님들과 함께 대부도로 망둥이 낚시를 하러 간 적이 있다. 낚싯밥을 낚싯바늘에 끼워 물에 던져 놓고 물에 떠 있는 찌가 위아래로 움직이면 잽싸게 낚싯대를 낚아채야 한다. 잠시 한눈을 팔아 뒤늦게 잡아채면 물고기는 이미 낚싯밥을 먹고 사라진 뒤다.

전도(영혼 구원)에도 이처럼 기회가 있다. 이 기회를 놓치면 그 전도 대상자를 평생 만나지 못할 수도 있다. 그래서 전도는 집중이 필요하다.

진료에 집중하다 보면 진료를 마치고 나가는 환자의 뒷모습을 보고서야 '아, 저분에게 예수님을 전했어야 했는데, 다음에 진료 받으러 오지 않으면 어떡하나' 하고 후회할 때가 종종 있다. 전도에 집중하지 못하고 하루 종일 환자만 보고 퇴근하는 날에는 집에 오는 발걸음이 왠지 불편하다.

예수님은 영혼 구원(전도)을 위해 어떻게 집중하셨을까?

수년 전에 팔레스타인 빈민촌으로 의료선교를 간 적이 있다. 이스라엘에 도착하여 제일 먼저 갈릴리 호숫가에서 예배를 드린 후 나무 그늘에서 잠시 쉬고 있는데 앞에 보이는 갈릴리 호수가 너무나 아름다웠다. 휴양지 같은 그곳에서 며칠 머물고 싶었다. 하지만 예수님은 그토록 아름다운 갈릴리 호수에서도 전도(영혼 구원)에 집중하셨다.

갈릴리 호수에서 물고기를 낚고 있는 베드로와 안드레를 보고 저들이 사람을 저토록 성실하게 낚겠다고 생각했는지 그들을 제자로 부르셨다.

예수님은 베드로와 안드레를 전도하신 후 잡은 물고기들이 달아나지 않도록 그물을 깁고 있는 야고보와 요한을 보셨다. 예수님은 그들에게서 좋은 양육자의 모습을 보시고 그들을 부르셨다. 이처럼 예수님은 그토록 아름다운 자연환경에서도 영혼 구원에 집중하셨다(마 4:18-22).

예수님은 힘들고 피곤하신 중에도 영혼 구원에 집중하셨다. 예수님이 유대에서 갈릴리로 가다가 피곤하여 쉴 만한 곳을 찾던 중 사마리아 수가라는 땅에 이르러 과거 야곱이 팠던 우물을 발견하고는 거기 앉으셨다. 제자들이 먹을 것을 구하러 동네로 들어간 사이 사마리아 여인이 물을 길러 왔다. 예수님은 그 여인을 본 순간 복음이 필요하다는 것을 알았고, 그래서 목마르니 물을 달라며 여인에게 접근해서 말씀을 전하셨다.

> 거기 또 야곱의 우물이 있더라 예수께서 길 가시다가 피곤하여 우물 곁에 그대로 앉으시니 때가 여섯 시쯤 되었더라 사마리아 여자 한 사람이 물을 길으러 왔으매 예수께서 물을 좀 달라 하시니 요 4:6-7

> 예수께서 대답하여 이르시되 이 물을 마시는 자마다 다시 목마르려니와 내가 주는 물을 마시는 자는 영원히 목마르지 아니하리니 내가 주는 물은 그 속에서 영생하도록 솟아나는 샘물이 되리라 요 4:13-14

영혼 구원을 위해 집중하시는 예수님의 모습은 십자가상에서 정점을 찍는다. 십자가에 달리신 중에도 예수님은 양 옆에 있는 죄수들에게 관심을 가지셨다. 극심한 고통으로 인해 정신이 혼미한 상태에서도 예수님은 우측에 있는 강도를 구원하셨다.

> 예수께서 이르시되 '내가 진실로 네게 이르노니 오늘 네가
> 나와 함께 낙원에 있으리라' 하시니라 눅 23:43

우리도 예수님처럼 아름다운 환경에서든 힘들고 피곤한 상황에서든 고통과 죽음의 현장에서든 매 순간 영혼 구원(전도)에 집중해야 한다. 《일대일 제자양육 성경공부》 책에는 "비록 짧은 시간이라도 어떤 사람과 있을 때마다 우리는 하나님의 사랑과 용서의 기쁜 소식을 전하기 위해 그 시간 그 자리에 있게 되었음을 기억해야 합니다"라는 내용이 있다. 내가 있는 그 순간과 그곳이 복음을 전하기 가장 적합한 시간이며 장소임을 잊지 말아야 할 것이다.

chapter 3

지체들과
동역하라

　현대 전쟁은 과거와 달리 보병으로만 승리할 수 없다. 육해공군 모두가 협력할 때 승리할 수 있다. 전도(영혼 구원) 역시 나 혼자 하는 것이 아니다. 모든 성도가 함께하는 것이며, 내 교회만 하는 것이 아니고 모든 교회가 함께 동역하는 것이다. 또한 영혼 구원(전도)에 있어 작은 교회가 할 일이 있고 큰 교회가 할 일이 있다. 그것은 전도가 어느 한 교회의 부흥이 아니라 하나님 나라의 확장을 이루어 가는 것이기 때문이다.

얼마 전에 동역의 소중함을 경험한 일이 있다. 70대 할머니에게 복음을 전하여 교회에 나가기로 했는데, 어르신을 어떻게 교회까지 인도할까 고민이 되었다. 그런데 바로 이어 진료실로 들어온 환자분이 내가 평소 잘 알고 있는 권사님이었다. 권사님께 사정을 말하니 방금 전도한 대상자와 같은 동네에 산다면서 그분을 자신이 다니는 교회로 인도하겠다는 것이었다. 권사님도 나도 전도 대상자가 교회에 가게 되어 너무 기뻤다. 그러니 하나님은 얼마나 기뻐하실까.

> 우리는 하나님의 동역자들이요 너희는 하나님의 밭이요 하
> 나님의 집이니라 고전 3:9

전도는 모든 그리스도인들이 합력하여 함께 이루어 가는 것이다. 전도를 하다 보면 너무나 쉽게 예수님을 믿겠다고 하는 사람을 만나기도 한다. 물론 그 순간 하나님의 능력이 함께하신 결과이지만 그 시간이 오기까지 많은 사람들이 그를 위해 중보기도하며 전도해 왔다는 사실을 잊어선 안 된다. 나는 단지 그 전도 대상자가 예수님을 믿는 순간에 그 자리에 있었을 뿐이다.

오래전에 우리 공동체 리더십 모임에서 사회선교에 대한 어느 교수님의 특강이 있었다. 강의 후 평소 전도를 중요하게 생각하는 공

동체 장로님이 "그래도 교회에서 변하지 않는 진리가 영혼 구원(전도)인데 사회선교보다 전도가 더 중요하지 않나요?"라고 질문했다. 그러자 교수님이 "전도도 중요한데 지금 이 시대는 사회선교를 해야 할 때입니다"라고 대답했다.

그런데 내 생각은 사회선교도 전도라고 생각한다. 전도란 예수님을 전하는 것인데, 사회선교는 소외된 이웃에게 예수님의 사랑을 전하므로 이 또한 전도다. 사회선교를 통해 전도 대상자들의 마음 문이 열리고 열린 마음에 복음이 전해질 때 전도가 완성된다. 교회 안에는 여러 부서들이 있다. 모든 부서가 영혼 구원이라는 하나의 목적을 위해 동역할 때 아름다운 전도의 열매가 맺힐 것이다.

chapter 4.

예수님의 마음으로
다가가라

겸손함과

낮아짐으로

◇◇◇

겨울에 집 앞에 쌓여 있는 눈을 빗자루로 쓸었다고 하자. 눈을 치운 사람이 잠깐 쉬고 있는데 갑자기 눈을 치우기 위해 사용한 빗자루가 벌떡 일어나 "눈을 깨끗이 쓸었더니 내가 기분이 좋구나"라고 말한다면 실제로 수고한 집주인이 봤을 때 얼마나 기가 막힐까? 매번 그런 식이라면 집주인은 그 빗자루를 사용하고 싶지 않을지도 모른다. 전도도 마찬가지다. 전도는 성령님이 하시는 것이다. 전도자는 단지 성령님의 도구로 사용될 뿐이다.

아주 오래전의 일이다. 병원에서 전도한 이야기를 순모임에서 나누면 순식구들이 그렇게 칭찬할 수가 없었다. 퇴근 후 저녁 식탁에서 전도 이야기를 나누면 지금은 하늘나라에 계신 어머니 역시 좋아하고 칭찬하셨다.

그런데 칭찬을 들을 때마다 내 마음 한구석에는 불편함이 있었다. 올림픽에서 금메달을 따면 사람들이 금메달리스트를 칭찬하듯이 마치 내가 무언가를 잘해서 칭찬을 받는 느낌이었다. 물론 그들은 한식구이기에 격려 차원에서 칭찬했겠지만, 나는 마치 하나님께서 받으실 영광을 가로채는 것 같아 마음이 불편했다.《영혼을 살리는 의사》를 발간하고 나서도 방송에 출연하면 '의사 전도왕'이라고 나를 소개해서 너무나 거북했다.

하나님은 교만을 아주 싫어하시고 반대로 겸손을 매우 좋아하신다. 그렇기에 우리 그리스도인들은, 아니 전도자는 항상 겸손해야한다. 또한 우리가 전도에 실패했더라도 실망할 필요가 없다. 우리는 단지 하나님 말씀에 순종하여 예수님을 전할 뿐이다. 그 과정과 결과는 하나님의 소관이다.

예수님은 겸손함의 표본이시다. 성자 하나님이신 예수님은 세례를 받기 위해 사람인 세례 요한을 찾아가 고개를 숙이셨다. 세례 요한이 당황해서 "내가 당신께 세례를 받아야 할 텐데 어떻게 내가 세례를 줄 수 있습니까?" 했지만 예수님은 아랑곳하지 않으셨다(마 3:13-15).

하나님은 겸손한 자를 좋아하신다. 전도 대상자 역시 겸손한 자에게 자신의 마음 문을 쉽게 열어 준다. 그러므로 하나님 앞에서나 전도 대상자 앞에서나 겸손하며 낮아져야 한다.

사랑과
인내로
◇◇◇

초창기에 병원에서 한창 전도할 때는 눈에 잘 보이는 칠판에 전도와 관련된 말씀을 적어 놓고 수시로 묵상했다. 어느 날 지역 교회 목사님 사모님이 그 칠판을 보고는 "원장님, 전도는 영혼 사랑인 것 아시지요?" 했다. 하지만 당시는 그 말을 이해하지 못했다. 내가 전도한 것은 전도 훈련을 받아서도 아니고 영혼을 사랑해서도 아니고 그저 나도 모르게 어느 힘에 이끌려서 했기 때문이다. 성령님의 강권적인 역사였다. 시간이 흐르면서 사모님이 말한 '전도는 영혼 사랑'이란 말을 이해하게 되었고 명심하게 되었다.

그렇다. 진정한 전도는 죽어 가는 영혼과 잃어버린 영혼에 대한 하나님의 사랑에서 시작된다. 전도자는 그 사랑의 마음을 품고 복음을 전하는 것이다. 우리에게는 그런 사랑이 부족하다. 그래서 성령님의 도우심이 절대적으로 필요하다.

> 우리가 아직 죄인 되었을 때에 그리스도께서 우리를 위하
> 여 죽으심으로 하나님께서 우리에 대한 자기의 사랑을 확
> 증하셨느니라 롬 5:8

전도에는 사랑과 함께 인내도 필요하다. 여기에는 몇 가지 이유가 있다. 먼저 예수님을 주님이라 고백하려면 성령님이 함께하셔야 한다. 하지만 전도 대상자들에게는 성령님이 계시지 않기 때문에 예수님을 주님이라고 고백하기가 쉽지 않다.

> 그러므로 내가 너희에게 알리노니 하나님의 영으로 말하는
> 자는 누구든지 예수를 저주할 자라 하지 아니하고 또 성령
> 으로 아니하고는 누구든지 예수를 주시라 할 수 없느니라
> 고전 12:3

뿐만 아니라 전도 대상자들은 거듭나지 않아 하나님 나라를 볼 수

가 없다. 하나님 나라를 볼 수 있다면 그들은 쉽게 예수님을 주라 고 백하게 될 것이다.

> 예수께서 대답하여 이르시되 진실로 진실로 네게 이르노니
> 사람이 거듭나지 아니하면 하나님의 나라를 볼 수 없느니
> 라 요 3:3

믿음은 예수님의 말씀을 들으면서 성장한다. 그런데 그들은 예수님의 말씀을 제대로 들은 적이 없어 예수님을 믿기가 어렵다.

> 그러므로 믿음은 들음에서 나며 들음은 그리스도의 말씀으
> 로 말미암았느니라 롬 10:17

이처럼 전도 대상자들이 예수님을 믿는 것이 쉬운 일이 아니다. 그러므로 전도자는 인내와 사랑을 가지고 그들의 마음 문이 열릴 때까지 두드려야 한다.

50대 초반의 여자 환자분이 어지러움증이 심해서 내원했다. 종합 병원에 가자니 돈이 너무 많이 들어서 겁이 난다며 그냥 약만 달라고 했다. 그런데 진료 후에 그녀가 말했다.

"원장님, 원장님 말씀대로 교회에 가야겠어요. 요새 아프다 보니

원장님이 교회에 나가 예수님 믿으라고 한 말이 자꾸 생각나요."

복음의 메시지는 땅에 떨어져 없어지지 않는다. 결국에는 열매를 맺는다. 그때가 언제인지는 하나님만이 아신다. 우리는 단지 사랑과 인내를 가지고 복음을 전하기만 하면 된다.

전도훈련,
필요한가?
◇◇◇

과연 전도하는 데 훈련이 필요할까? 한마디로 말하면 그렇다. 그 이유는 다음과 같다.

첫째, 전도에 대한 동기부여를 해 준다.

"군인은 사기를 먹고 산다"는 말이 있듯이 전쟁터에 나간 군인에게 가장 필요한 것은 이길 수 있다는 자신감이다. 영적 전쟁에 나가는 전도자에게 가장 필요한 것은 전도가 영혼을 구원한다는 확신이다. 이 확신은 전도 훈련을 받고 말씀을 깊이 묵상할 때 가질 수 있다.

둘째, 복음의 무기를 준비해 준다.

2005년 봄에 공동체 자매의 남편을 전도하러 갔다가 실패한 적이 있다. 그때 만일 나에게 복음의 무기가 있었다면 상황은 달라지지 않았을까 하는 생각을 해 본다. 전쟁터에 나가는 군인은 무장을 해야 한다. 마찬가지로 사탄에게 속한 귀한 영혼을 하늘나라 백성으로 빼앗아 오는 영적 전쟁에 나서는 전도자는 전도 훈련을 통해 복음의 무기를 가져야 한다. 전도자에게 복음의 무기는 하늘나라 지식이다. 즉 하나님 말씀이다. 전도 대상자의 눈높이에 맞는 말씀으로 전해야 하고 반대 질문이나 궁금한 것을 물어볼 때 적절한 대답을 할 수 있어야 한다. 전도 훈련은 복음의 무기로 무장하는 시간이다.

> 너희 마음에 그리스도를 주로 삼아 거룩하게 하고 너희 속
> 에 있는 소망에 관한 이유를 묻는 자에게는 대답할 것을 항
> 상 준비하되 온유와 두려움으로 하고 벧전 3:15

물론 훈련 받지 않고도 전도 잘하는 분들도 많다. 성령님이 전도 하시기 때문이다. 그런데 그런 분들이 전도 훈련을 받는다면 호랑이 등에 날개를 단 듯한 모습을 보게 될 것이다.

part 3

전도 중에
만나는
반대 질문들

전도를 하다 보면 복음을 쉽게 받아들이는 사람이 있는가 하면, 기독교에 대해 공격적으로 말하는 사람들을 만나기도 한다. 또는 종교가 다르다면서 대화 자체를 피하는 사람도 있고 여러 이유를 대면서 마음 문 열기를 거부하기도 한다. 여기서는 이 모든 것을 총칭해서 '반대 질문'이라고 하였다. 여기에 나오는 내용은 진리는 아니다. 진리는 성경 말씀 외에는 존재하지 않기 때문이다. 그러나 이 내용들을 잘 숙지한다면 전도의 1단계인 전도 대상자의 마음 문을 여는 데 많은 도움이 될 것이다.

반대 질문에 대한 대답은 세 가지 형태로 생각해 볼 수 있다. 첫 번째는 성경 중심으로 대답을 해 주는 것이다. 이 경우는 하나님을 직접 공격하는 사람에게 사용하면 좋다. 두 번째는 예화를 주로 사용하는 것이다. 즉 스토리텔링으로 대답을 해 주는 것이다. 세 번째는 성경과 예화를 적절히 사용해서 전도 대상자의 공감을 얻는 것이다. 많은 경우 성경과 예화를 함께 사용하는 것이 좋으며 어떤 상황에서도 성경 말씀은 기본이 된다.

또 반대 질문에 대한 대답을 할 때 우리가 꼭 알아야 할 것이 있다. 이 대답 자체가 복음은 아니라는 것이다. 단지 복음을 전하기에 앞서 전도 대상자의 마음 문을 여는 시간일 뿐이다. 그러므로 다음과 같은 사항을 숙지하면 좋다.

첫째, 논쟁을 피하자.

전도 대상자들과 대화하면서 다투지 말라는 것이다. 내가 이기고 전도 대상자가 지면 그는 기분이 나빠 진짜 중요한 복음을 들으려 하지 않을 것이고, 반대로 전도 대상자가 이기고 내가 지면 복음을 전하기가 어려워진다. 그러므로 논쟁하는 분위기는 가급적 만들지 않는 것이 좋다. 우리의 목적은 복음을 전하는 것이기 때문이다.

둘째, 그들의 말을 긍정적으로 받고 오히려 칭찬하자.

"웃는 얼굴에 침 뱉지 못한다"는 말도 있듯이, 아무리 공격적인 말을 하는 전도 대상자라도 일단 수긍하고 칭찬하면 마음이 부드러워질 수 있다. 예를 들어 "하나님은 사랑이 많다면서 왜 사람들에게 고난을 주시나요?"라고 공격적인 말을 할 때 "선생님은 참으로 자비가 많으시군요. 그래요, 선생님 이야기를 듣고 보니 선생님 마음을 충분히 이해할 수가 있네요" 하고 먼저 전도 대상자의 말을 긍정해 주면 분위기가 한결 부드러워진다. 여기서 나는 '사랑'이라는 표현 대신 '자비'라는 표현을 사용했는데, 일반인들에게 그것이 덜 부담스러울 것이라 생각해서 그렇게 표현한 것이다. 이처럼 듣는 사람이 부담스럽지 않은 표현을 사용하는 것도 분위기를 부드럽게 만드는 방편이다.

셋째, 대답할 것을 항상 준비하자.

공격적으로 나오는 전도 대상자에게 적절한 대답을 해 주기 위해서는 내가 먼저 알고 있어야 한다. 알기 위해서는 준비가 필요하다.

넷째, 온유함과 인내로 하자.

그리스도인들이 생각하는 세계와 전도 대상자들이 생각하는 세계는 완전히 다르기 때문에 그들이 영적인 세계에 대해 이해 못하는 것은 당연하다. 그래서 전도는 오랜 시간이 걸리는 경우가 많다. 더군다나 공격적으로 나오는 경우라면 당장 설득시키기는 쉽지 않다. 그러므로 그들을 대할 때는 온유함과 인내가 필요하다.

복음을 전하지 못한 채 헤어지더라도 그리스도인에 대해 좋은 이미지를 남기는 것이 중요하다. 다음에 누군가가 그 전도 대상자의 마음 문을 열 수도 있기 때문이다. 전도는 혼자 하는 것이 아니라 동역하는 것이다(고전 3:6, 9).

다섯째, 이 시간도 전도할 기회다.

반대 질문을 한다는 것은 복음을 전할 수 있는 시간이 주어진다는 것이므로 그는 우리에겐 귀한 사람이다. 참고로 전도 대상자들의 공격적인 질문에는 모순이 있는 경우가 종종 있다. 그 모순을 잘 찾아 이야기해 준다면 그의 공격을 무디게 할 수 있다. 예를 들어, 하나님이 보이지 않기 때문에 믿기 어렵다는 사람들에게 "우리 눈에 보이지 않아도 바람이나 산소처럼 실제 존재하는 것들이 많다"고 이야기해 주는 것이다.

이제부터 반대 질문에 대해 어떻게 대답할지 하나씩 살펴보자.

chapter 1

하나님이 눈에 보이지 않아
믿어지지 않습니다

하나님이 보이지 않아 믿기 어렵다는 말은 어떻게 보면 아주 중요하고 근본적인 질문이다. 예수님을 모르는 그들이 눈에 보이지 않고 귀에 들리지 않는 하나님을 믿지 못하겠다고 하는 것은 어쩌면 당연한 일이다. 그래서 눈에 보이지 않아도 실제 존재하는 것이 많이 있다는 것을 예로 들어 설명한다. 이 경우도 전도 대상자의 말을 긍정적으로 받고 칭찬하는 것으로 시작한다.

"선생님은 매우 이성적(또는 과학적)이신 분인 것 같습니다. 하나님은 육체가 없는 영이기 때문에 사람들이 하나님을 눈으로 볼 수 없고 손으로 만질 수 없습니다. 그렇기 때문에 선생님께서 하나님의 존재를 믿을 수 없다고 말하는 것이 당연할 수 있습니다."

이처럼 상대방을 인정해 준 후에 사람의 한계에 대해서 이야기한다.

사람의
한계
◇◇◇

"그러나 우리 눈에 보이지 않더라도 실제 이 세상에 존재하는 것이 많습니다. 예를 들어, 바람이 보이나요? 바람이 우리 눈에 보이지 않지만 쓰고 있던 모자가 벗겨지거나 빨랫줄에 걸린 빨래가 움직이는 것으로 바람이 불고 있다는 걸 알 수 있습니다. 또 전기나 전파가 눈에 보이나요? 비록 전기나 전파가 눈에 보이지 않아도 시골집에서 전등과 TV가 켜지면 전기와 전파가 흐르고 있다는 것을 알게 됩니다. 이처럼 내 눈에 보이지 않고 내 귀에 들리지 않아도 실제로 존재하는 것이 많습니다. 왜 그럴까요? 이것은 바로 사람의 한계 때문에 일어나는 현상이지요.

사람은 오감을 통해 사물을 경험하고 그것을 지식으로 쌓아 둡니다. 시각을 통해 사람이나 사물이 있음을 알게 되고, 옆방에서 아이들의 웃음 소리가 들리면 청각을 통해 아이들이 잘 놀고 있다는 것을 알게 됩니다. 어둠 속에서도 옆에 있는 사람의 손을 잡으면 촉각으로 그 존재를 느낄 수 있고요. 구수한 된장 냄새가 나면 후각을 통해 오늘 저녁 음식은 된장찌개라는 것을 알 수 있으며, 눈을 감았어도 맛을 보고 미각을 통해 아이스크림임을 알게 됩니다.

그런데 우리의 오감을 벗어나 존재하는 것이 많이 있습니다. 대표적인 것이 우주에 떠다니는 인공위성입니다. 수많은 인공위성이 있지만 우리가 다 알 수 없습니다. 또 하나의 예를 들면, 1층 로비에 있는 사람이 60층 빌딩의 옥상에 있는 사람을 알아볼 수 없습니다. 이것이 바로 사람의 한계 때문입니다."

사람의 한계에 대한 예는 전도 대상자가 쉽게 이해할 수 있도록 자신이나 전도 대상자 주변에 있는 것 한두 개를 골라 이야기해 준다. 예를 들어 병원에 근무하는 사람은 산소, 방사선, 바이러스 등을 예로 들면서 비록 눈에 보이지 않지만 실제로 존재하는 것들을 말해 준다. 사람의 한계에 대해 말해 준 후 "하나님은 그가 만든 자연 만물을 통해 하나님이 계시다는 것을 알 수 있도록 하셨다"고 설명한다.

하나님이 만물을 통해
자신을 보여 주심

◇◇◇

"사람은 그 한계로 인해 결코 하나님을 볼 수 없습니다. 그래서 하나님은 당신이 만든 자연 만물을 통해 하나님의 존재를 알려 주십니다. 성경을 보면 '창세로부터 그의 보이지 아니하는 것들 곧 그의 영원하신 능력과 신성이 그가 만드신 만물에 분명히 보여 알려졌나니 그러므로 그들이 핑계하지 못할지니라'(롬 1:20)고 말씀하고 있습니다. 사과가 열린 나무를 보면 사과나무인지 알 수 있고, 배가 열려 있으면 배나무인 것을 알듯이 온 우주 만물을 보면 이 모든 것을 만드신 분이 창조주 하나님이라는 사실을 알 수 있다는 것입니다."

이처럼 온 우주 만물을 하나님이 창조하셨음을 이야기한 후 창조론과 진화론으로 대화를 이어 간다.

"제가 질문을 하나 하겠습니다. 선생님은 창조론을 믿으십니까, 진화론을 믿으십니까?"

믿지 않는 사람들의 대부분은 진화론을 믿는다고 대답한다.

"네, 진화론을 믿고 있군요. 그럼 창조론은 무엇이고 진화론은 무엇인가요? 창조론은 온 우주 만물을 창조주 하나님이 만드셨다는 것이고 진화론은 이 세상 모든 것이 누군가에 의해서 만들어진 것이 아니라 스스로 생겼다는 이론입니다. 즉 진화론은 아무 생명체도 없던 곳에서 어느 날 갑자기 우주 대폭발과 같은 사건이 있은 후 생명체가 스스로 생겨나서 자신을 보호하기 위해 변화되었다는 것인데, 이때 변화는 종을 뛰어넘는 진화를 의미합니다. 아메바와 같은 단세포가 스스로 진화하여 지금의 사자나 코끼리도 되고, 독수리나 참새도 되고, 고래나 새우도 되고, 나무나 풀도 되고 그리고 사람도 되었다는 것입니다.

그런데 가만 생각해 보면 이런 가설이야말로 동화책에나 나올 법한 너무나 엉뚱하고 비과학적인 이야기 같습니다.”

진화론의 모순

그런 다음 진화론에 어떤 모순이 있는지 설명하고 다윈이 태어난 1809년은 비과학적인 시대였음을 말해 준다.

“그럼 진화론의 모순을 이야기해 보겠습니다.

첫째 진화론은 무에서 유가 스스로 생겼다고 하는데 무에서 유는 생기지 않습니다. 예를 들어 아무도 살지 않는 무인도가 있다고 합시다. 그곳에는 수천 년이 흘러도 사람이나 헤엄치지 못하는 동물은 생기지 않습니다. 그 이유는 무에서 유가 생겨나지 않기 때문입니다. 그러나 누가 배를 타고 염소 암수 한 쌍을 그 섬에 놓고 온다면 몇 년 후에는 그곳에 염소들로 가득 차 있을 것입니다.

또 다른 예로, 고려 말에 문익점 선생님이 중국 원나라 시절에 목화씨를 붓통에 숨겨서 가져왔습니다. 국가적으로 목화씨 반출을 금했기 때문입니다. 당시 추운 겨울에도 삼베나 모시옷으로 겨울을 나던 백성이 문익점 선생님 덕분에 목화솜 바지를 해 입을 수 있었습니다. 만일 문익점 선생님이 목화씨를 갖고 들어오지 않았다면 우리나라에는 수천 년이 흘러도 목화가 없었을 것입니다. 이처럼 이 세상 모든 것은 스스로 생긴 것이 아니라 누군가에 의해서 생겨났습니다."

상황에 따라 위의 두 가지 예 중에서 하나만 들거나 다른 예를 들 수 있다.

"둘째, 살아 있는 모든 생명체는 자신을 보호하고 환경에 적응하기 위해 변화합니다. 하지만 종이 바뀌지는 않습니다. 얼마 전 TV에서 개들이 어느 아파트 지하 주차장에서 고양이를 잡아 죽이는 것을 보았습니다. 무인도에 사냥개와 고양이를 함께 풀어 놨다고 가정해 봅시다. 만일 고양이가 사냥개의 공격으로부터 자신의 몸을 보호하기 위해 진화한다면 몇 백 년이 흐른 뒤 치타나 더 큰 동물인 호랑이로 변해야 할 것입니다. 그러나 수천 년이 흘러도 고양이는 그냥 고양이로 남아 있습니다. 사냥개를 피해 도망 다니다 보면 생존을 위해 눈동자가 커지고 나무를 타기 위해 발톱이 강해지고 다리 근육도 커질 것입니다. 그러나 고양이가 치타나 호랑이로 바뀌지는 않습니다. 또한 고양이가 치타로 진화한다면 고양이와 치타의 중간 형태의 동물이 있어야 할 텐데 그런 중간형도 존재하지 않습니다.

셋째, 진화론은 지금도 계속 진화하고 있다고 주장합니다. 만일 인간이 계속 진화하고 있다면 몇 백 년 전과 비교하여 조금 다른 종으로 바뀌고 있어야 합니다. 그러나 그때나 지금이나 모습이 같습니다. 사람뿐만 아니라 사자, 얼룩말, 하마 같은 동물이나 식물 중에 다른 종으로 진화하고 있다는 예는 찾아볼 수 없습니다. 절대 강자 사람에 의해 생존을 위협 받는 쥐조차 환경에 적응하기 위해 종을 뛰어넘는 진화를 하고 있다는 증거를 찾아볼 수 없습니다.

마지막으로, 이 진화론을 처음 주장한 다윈이 태어난 해는 1809년입니다. 그로부터 100년 후에 라이트 형제가 비행기를 만들었죠. 쇠처럼 무거운 비행기가 공중에서 날아다닌다는 것은 상상도 할 수 없던 시대에 다윈이 태어났고 자란 것입니다. 그렇게 비과학적인 시대에 주장된 진화론이 지금까지 주장되고 있다는 사실도 아이러니라고 할 수 있습니다."

진화론의 모순을 이야기한 후 창조론에 대해서 말해 준다.

창조론

"그럼 창조론에 대해서 말해 보겠습니다. 창조론은 온 우주 만물을 창조주 하나님이 만드셨다는 것입니다. 이 세상 어떤 것도 무에서 유로 스스로 생긴 것은 없습니다. 모든 것이 누군가의 목적에 의해 만들어졌습니다. 여기 있는 청진기나 볼펜은 스스로 갑자기 생겨

난 것이 아니라 어떤 목적을 가지고 누군가가 만들어서 생겨났습니다. 자연 만물 역시 누군가 목적을 가지고 만든 것입니다."

먼저 주변의 사물을 예로 들어 그것들이 생겨난 것은 누군가가 어떤 목적을 가지고 만들었기 때문임을 설명한 다음 사람도 그렇다고 이야기한다.

"사람도 스스로 생긴 것이 아니라 부모님에 의해 만들어졌습니다. 부모님은 부모님의 부모님에 의해서 만들어졌고 계속 계보를 올라가다 보면 첫 번째 부모님이 계십니다. 바로 이 첫 번째 부모님인 남자와 여자를 창조주 하나님이 만드신 것입니다. 특히 사람은 특별한 목적을 가지고 만드셨습니다."

이처럼 온 우주 만물이 스스로 생긴 것이 아니고 누군가(하나님)에 의해 목적을 갖고 만들어졌음을 이야기한 다음, 그 모두는 완제품으로 만들어졌음을 설명한다.

"선생님은 닭과 달걀 중 어느 것이 먼저라고 생각하십니까? 씨와 씨가 있는 열매를 맺고 있는 나무 중 어느 것이 먼저라고 생각하십니까? 성경을 보면 하나님께서 씨가 아니라 씨가 있는 열매 맺는 나무를 만드셨고(창 1:11), 달걀이 아니라 알을 낳는 닭을 만드셨으며, 아이가 아니라 아이를 낳을 수 있는 남자와 여자를 만드셨다고 말씀하고 있습니다. 즉 완제품을 만드신 것입니다."

닭과 달걀의 비유는 이어서 설명할 하나님께서 모든 만물을 종류대로 만들었음을 강조하기 위한 장치다.

"그리고 살아 있는 모든 생명체는 각 종류대로 창조하셨습니다. 고양이에서 치타나 호랑이로 진화된 것이 아닙니다. 하나님은 고양이는 고양이, 치타는 치타, 호랑이는 호랑이로 각 종류대로 만드셨다고 말씀하고 있습니다. 또한 풀과 씨 맺는 채소와 열매 맺는 나무들도 모두 종류대로 만드셨다고 합니다(창 1:12, 25).

하나님은 모든 만물을 어떤 목적을 가지고 만드셨는데, 특히 사람을 만드실 때 더 특별한 목적을 갖고 있었습니다. 즉 하나님께서 우리와 교제하기 원하셔서 자신의 형상대로 사람을 만드신 것입니다."

에너지론

"하나님이 존재하신다는 또 다른 증거를 얘기해 볼까요? 이 세상에 있는 모든 것은 움직이려면 어떤 힘, 즉 에너지가 필요합니다. 어린 시절에 팽이치기를 해 본 적 있습니까? 팽이를 돌리려면 팽이채로 팽이를 쳐야 합니다. 계속해서 어떤 에너지를 주어야 한다는 것입니다. 만일 팽이치기를 하다가 중단하면(에너지를 주지 않으면) 팽이는 자신의 힘으로 돌지 못하고 결국 쓰러집니다. 자동차도 달리다가 기름이라는 에너지가 떨어지면 더 이상 나아가지 못하고 멈춥니다. 놀이동산의 놀이기구들도 스위치를 끄면 일시에 멈추고 맙니다. 사람 역시 밥을 먹어야 힘이 생겨 움직일 수 있습니다. 이처럼 이 세상에서 에너지 없이 스스로 움직이는 것은 아무것도 없습니다. 그런데 태초부터 계속 움직이는 것이 있습니다. 무엇일까요? 지구를 비롯해서 태양과 달 그리고 온 우주가 그렇습니다. 과학자들은 지구가 태양 주위를 돌(공전) 뿐 아니라 스스로 돈다(자전)는 것도 발견했습니다. 그렇다면 지구가 움직이는 데 필요한 에너지(힘)는 어디에서 공급 받는 걸까요?

팽이가 돌기 위해서는 돌리는 사람이 있어야 하듯이 지구 역시 돌아가기 위해서는 누군가 지구에 에너지를 주어 돌려야 합니다. 지구를 돌리는 분이 바로 창조주 하나님입니다. 달에 처음 간 우주인 암스트롱은 달 위에서 우주를 바라보며 '하나님이 살아 계시다'는 것을 믿고 하나님을 찬양했다고 합니다."

창조론과 에너지론까지 설명한 뒤에 전도 대상자에게 창조론과 진화론 중 어느 것이 더 믿을 만하냐고 물으면 처음에 진화론을 믿는다고 했던 사람의 80~90%가 창조론이 더 믿을 만하다고 대답한다.

"이처럼 하나님은 이 세상의 자연 만물을 통하여 자신의 능력과 신성을 보여 주고 계십니다(롬 1:20). 하나님은 우리가 자연 만물을 보고 하나님의 살아 계심을 믿기 원하십니다."

그런 다음 "그럼 잠깐 시간을 내 주시면 창조주 하나님을 소개해 드리고 싶습니다." 또는 "창조주 하나님이 선생님을 왜 그토록 사랑하는가에 대해서 말씀드리고 싶습니다" 하면서 복음을 전한다.

[참고]

공격적인 질문을 받지 않았더라도 전도자는 전도 대상자에게 다음과 같은 질문을 하면서 복음을 전할 수 있다. 두 가지 방법이 있다.

1. 전도 대상자에게 하나님의 존재에 대해 질문한 다음 창조론과 진화론 이야기로 연결한다.

"선생님은 하나님의 존재를 믿으십니까?"

믿지 못하겠다는 사람에게 다음과 같이 이야기한다.

"그래요, 하나님이 보이지 않고 만져지지 않기에 믿지 못하는 것이 당연합니다. 그러나 우리 눈에 보이지 않더라도 실제로 이 세상에 존재하는 것이 많습니다."

이후로 진화론과 창조론 이야기로 진행한다.

2. 시간이 없는 경우 창조론과 진화론 중 어느 것을 믿느냐고 질문해서 접촉점을 찾기도 한다.

"선생님은 창조론을 믿나요, 진화론을 믿나요?"

진화론을 믿는다는 사람에게 창조론과 진화론 이야기를

해 준다. 창조론과 진화론에 대한 이야기는 실제 전도 현장에서 많이 사용하고 있으며, 잘 숙지하고 있으면 전도 접촉점으로서 아주 유용하게 사용할 수 있다.

chapter 2.

제사를 지내서
교회에 나갈 수 없습니다

사람들은 왜

제사를 지낼까?

◇◇◇

사람들이 제사를 지내는 첫째 이유는 부모님 때문이다.

이 세상에서 완전한 효자는 없다. 부모님이 돌아가시면 누구든지 자신이 불효했다고 생각한다. 나는 결혼 당시 배우자의 첫 번째 조건이 부모님을 모시는 것이었다. 물론 교회에 나가는 것은 기본이었다. 내 아내는 결혼하면서부터 부모님이 돌아가실 때까지 한 지붕 아래서 부모님을 모셨다. 나는 그것을 당연하다고 생각했는데, 부모님이 돌아가신 지금 돌아보니 아내가 참 많이 수고했다는 생각이 들고 고맙다. 주변의 사람들은 나를 대단한 효자라고 치켜세우지만 나는 부모님이 돌아가시고 나니 내가 불효한 것만 생각이 난다.

나는 조폭 한 명을 알고 있다. 강화도 어느 식당에서 식사하던 중 우연히 벽에 붙어 있는 지명 수배 전단지에서 그의 얼굴과 이름을 보기도 했다. 그는 인천 길병원에서 내가 근무할 때 진료를 보던 어느 환자분의 아들이었다. 어느 순간 그는 나에게 의사 선생님이 아닌 형님이라고 부르기 시작했고, 평소 나 혼자라면 갈 수 없는 곳에 가서 극진한 대접(?)도 받았다. 환자분이 결국 돌아가셨을 때 조문을 하러 갔더니 험상궂게 생긴 사람들이 서빙을 하고 있었다. 그날 그는 침통한 얼굴로 중학생 때부터 어머니 말씀을 듣지 않고 말썽만 피우며 불효했다고 말했다.

이렇듯 평소 효자라고 소문이 난 사람도, 살아생전 부모님 속을 무던히 썩이던 사람도 부모님이 돌아가시면 하나같이 자신이 불효자라며 후회한다. 그래서 그날(기일)만이라도 생전에 하지 못한 효도를 하고 싶어서 제사 음식을 준비하고 부모님 사진에 절을 하며 그립고 감사한 마음을 표현하고 싶어 한다. 한편, 그날만이라도 형제자매가 한자리에 모여 부모님을 생각하며 가족의 정을 나누기도 한다. 그래서 제사를 지내지 않으면 더 불효하는 것 같고, 이웃들에게서 불효자라는 소리를 듣지 않을까 염려한다.

둘째는 조상 때문이다.

어떤 사람은 제사를 지내다가 그만두면 조상에게 해코지를 당한다고 생각해서 제사를 고수한다.

제사를 지내는 사람들의 심리가 이러하다는 걸 이해하고 "제사를 지내서 교회에 나갈 수 없다"고 말하는 사람들에게 다음과 같이 이야기하면서 그들의 마음을 움직여 보자.

"제사를 지내서 교회에 나갈 수 없다니 선생님은 효심이 매우 깊으시군요. 그런데 선생님은 제사상을 차리면 조상들의 혼백(조상신)이 직접 와서 준비한 음식을 먹는다고 생각하십니까?"

"그렇게 생각하지는 않습니다."

대부분의 사람들은 실제로 조상신이 내려와서 음식을 먹는다고 생각하지 않는다. 따라서 이 질문은 제사를 드려서 교회에 나갈 수 없다는 전도 대상자의 모순을 찾는 질문이 될 수 있다.

"그렇지요. 그럼에도 불구하고 제사를 드리는 이유는 기일만이라도 부모님을 그리워하고 생각하며, 부모님께 감사하고, 부모님이 평소 말씀하신 것을 내가 잘 지키고 있는지 돌아보고, 남은 가족과 함께 정도 나누고 싶어서 그렇지요."

이렇게 전도 대상자의 제사 드리는 마음에 동조한 뒤 기독교도 일반 제사와 같은 추모 의식을 하고 있다는 것을 강조한다.

기독교도

똑같습니다

◇◇◇

"우리 기독교도 부모님이 돌아가시면 기일에 맞추어 똑같이 합니다. 가족이 모여 돌아가신 부모님을 그리워하고 추모하며(사진이나 영상을 보기도 한다), 부모님의 은덕에 감사하고, 부모님이 평소에 말씀하셨던 일을 지금 내가 잘하고 있는지 돌아보며, 음식을 만들어 남은 가족과 함께 나누어 먹고 가족의 정도 나눕니다. 이처럼 기독교는 부모의 추모를 금하지 않습니다. 단지 추모를 예배로 드립니다. 예배란 기독교에서 하나님께 드리는 최상의 의식인데요, 이 예배를 부모님의 기일에 드리는 것입니다. 기독교는 추모 예배 즉 기일을 매우 중요하게 생각하고 있습니다.

또한 기독교는 효의 종교입니다. 성경에는 십계명이 기록되어 있는데 기독교인이 꼭 지켜야 할 열 가지 계명을 말합니다. 첫 번째에서 네 번째까지는 하나님에 대한 계명이고, 다섯 번째에서 열 번째까지는 사람에 대한 계명인데요, 사람에 대한 계명 중에서 첫 번째로 나오는 것이 '네 부모를 공경하라'입니다. 성경은 '네 아버지와 어머니를 공경하라 이것은 약속이 있는 첫 계명이니 이로써 네가 잘 되고 땅에서 장수하리라'(엡 6:2-3)고 말씀하고 있습니다. 이처럼 기독교는 효의 종교입니다."

여기서 출애굽기 20장 12절, "네 부모를 공경하라 그리하면 네 하나님 여호와가 네게 준 땅에서 네 생명이 길리라" 말씀보다는 에베소서 6장 2-3절에 나오는 말씀을 인용하는 것이 더 낫겠다는 생각이 든다. 에베소서 말씀에는 '첫 계명'이라는 표현이 있어서 부모님 공경을 더 강조할 수 있기 때문이다.

그런 다음 기독교에서 제사를 금하는 이유를 이야기해 준다.

"그렇다면 하나님이 제사를 싫어하시는 이유는 무엇일까요? 그것은 제사가 십계명의 1, 2계명을 어기기 때문입니다. 1계명이 '너는 나 외에는 다른 신들을 네게 두지 말라'인데 제사를 드리면서 돌아가신 부모님을 신이라고 생각하기 때문에 1계명을 어기는 것이고, 2계명이 '어떤 형태든지 우상(형상)을 만들지 말고 거기에다 절하지 말라'인데 돌아가신 부모님의 사진을 갖다 놓고 절하기 때문에 2계명도 어기게 됩니다."

너는 나 외에는 다른 신들을 네게 두지 말라 출 20:3

너를 위하여 새긴 우상을 만들지 말고 또 위로 하늘에 있는 것이나 아래로 땅에 있는 것이나 땅 아래 물속에 있는 것의 어떤 형상도 만들지 말며 그것들에게 절하지 말며 그것들을 섬기지 말라 나 네 하나님 여호와는 질투하는 하나님인 즉 나를 미워하는 자의 죄를 갚되 아버지로부터 아들에게로 삼사 대까지 이르게 하거니와 출 20:4-5

여기까지 설명하고 나서 이제 복음의 메시지를 전해야 하는데 그 접근법은 다음과 같다.

예1: "하나님은 사람에게 두 가지 선물을 주셨습니다. 하나는 가정이고, 다른 하나는 교회입니다. 하나님은 남자와 여자를 만들어 가정을 이루도록 하셨습니다. 하나님은 우리 가정이 행복해지기를 원하십니다. 선생님의 가정이 축복 받기를 원하십니다. 그 하나님에 대해서 소개해 드리겠습니다."

예2: "그럼 제사의 유래에 대해서 잠깐 말씀드려 보겠습니다. 삼국시대나 고려시대에는 불교가 국교처럼 성행했기 때문에 제사를 지내지 않았습니다. 그런데 조선시대의 초대왕인 이성계가 역성혁명을 일으켜 정권을 잡고 나서 흐트러진 민심을 바로잡기 위해 무학대사의 조언을 받아들여 효를 강조하는 유교를 들여오게 되었습니다."

(역성혁명이란 왕씨에서 이씨로 왕조가 바뀐 일인데 왕조시대에는 왕을 자신의 부모보다 더 웃어른으로 받들었기에 그런 왕을 끌어내린 역성혁명은 민심을 흉흉하게 만들기에 충분했다.)

"이때 유교와 함께 제사 의식이 우리나라에 들어오게 되었습니다. 제사는 우리 고유의 전통의식이 아닙니다. 유교에서의 제사는 처음엔 조상에 대한 감사의 마음으로 드렸습니다. 부모에게 감사하는 마음으로 드린다는 점은 기독교의 추모 예배와 비슷합니다. 그런데 제사가 점차 우리나라의 토착신앙과 결합되면서 조상들을 신이라고 하며 조상신에게 제물을 바치는 형식으로 바뀌게 된 것입니다. 이처럼 우리나라에서 드리는 제사는 원래의 제사에서 변질된 것입니다. 실제로 유교의 창시자인 공자는 사람의 사후세계에 대해 언급한 적이 없습니다. 그는 사후세계는 인간의 지혜로 닿을 수 있는 곳이 아니며, 오직 전능한 신의 영역으로, 인간에게 허용되지 않은 금기 지역이라고 말했습니다. 이처럼 유교는 죽음의 문제를 해결할 수 없습니다. 그럼 제가 두 가지 질문을 해 보겠습니다."

(이후 죽음이라는 말을 접촉점으로 삼아 '구원의 확신' 질문을 하면서 복음을 전할 수 있는데 이 다음 장에 나오는 불교 편을 참조하라.)

제사 이야기를 하다 보면 생각나는 사람이 있다. 당뇨병으로 우리 병원에 다니던 50대 남자분이다. 사람도 좋아서 올 때마다 교회에 나가 예수님을 믿으라고 권유하면 금방이라도 교회에 나갈 것처럼 반응하지만 교회로 걸음을 옮기지는 않았다. 나중에 알게 된 사실인데 그에게는 제사 문제가 교회에 나오지 못하는 걸림돌이었다. 그는 2남 1녀의 장남으로 아내와 두 아들은 교회에 다니고 있었다. 그도 당장은 직장 문제로 교회에 나갈 수 없지만 언젠가는 나갈 생각이었다. 그런데 어느 날 제사 문제로 아내와 그의 동생이 다투면서 이후 동생 집에서 제사를 드리게 되었고, 이때부터 동생과도 아내와도 거리가 멀어졌을 뿐 아니라 교회에 나가려는 마음도 사라지고 말았다.

그는 결국 복음을 받아들이지 않은 채 죽음을 맞았다. 그를 생각하면 끝내 복음을 전하지 못한 것이 너무나 안타깝다. 한편으로 그의 아내가 먼저 믿은 사람으로서 사랑과 인내로 시동생과 좋은 관계를 이뤄 갔다면 그가 신앙생활을 할 수 있지 않았을까 하는 아쉬움도 있다.

제사 문제를 다룰 때는 먼저 믿은 사람인 우리가 인내하고 희생할 수 있어야 한다. 희생과 사랑은 믿지 않는 가족과 대상자의 마음을 녹일 수 있기 때문이다.

chapter 3

나는
불교를 믿는데요?

다른 종교를 갖고 있는 사람이 기독교로 개종하기란 쉽지 않다. 이유가 뭘까? 이 역시 개종했을 때 화가 미치지 않을까 하는 두려움과 같은 종교를 믿는 가족에 대한 염려 때문이다. 다음은 불교인과 대화할 때 그들의 마음 문을 움직일 수 있는 대화법이다.

불교를
긍정적으로 반응한다

◇◇◇

여기서도 마찬가지로 불교를 믿는 것에 대해서 긍정적으로 반응하고 칭찬하는 것으로 시작한다.

"네, 그러시군요. 불심이 매우 깊으신 모양입니다. 그런데 선생님은 부처님께 불공을 드리러 절에 자주 가시나요? 한 달에 몇 번 정도 가시나요?"

불심이 깊은 사람은 일주일에 한 번 이상 가지만, 한 달에 한 번도 가지 못하는 사람도 많다. 이 질문을 하는 이유는 불심의 정도를 알기 위함도 있지만, 실제로는 전도 대상자가 불심이 깊지 않다는 것을 자기 스스로 말하게 하려는 의도도 있다. 다음 대화 내용도 1년에 한두 번 절에 간다는 사람과 나눈 것이다.

"네, 그렇군요. 바쁘다 보면 자주 못 갈 수도 있지요. 그래도 부처님이 좋아서 절에 다니시지요? 부처님의 삶과 가르침은 참으로 훌륭하지요. 예를 들어 '어떤 사람에게 자비를 베풀되 다른 사람이 모르도록 하라'는 말씀은 '오른손이 한 일을 왼손이 모르게 하라'는 예수님의 말씀과도 같습니다. 현각 스님이 누군지 아시지요? (의외로 모르는 사람들도 있다.) 현각 스님은 외국인(미국)으로 미국의 예일대학과 하버드대학원을 나오신 분이지요. 숭산 스님을 따라 우리나라에 오신 후에 명성과 인기가 높아지자 스스로 우리나라를 떠났다가 다시 돌아오셨습니다."

(한국 불교를 세계에 알린 숭산 스님의 제자로서 1990년 한국에 와서 2008년 한국을 떠났다가 2015년 3월에 불교에서 큰 법회가 있어 다시 방문하였다.)

"그 현각 스님이 2015년 3월에 하신 말씀을 보면 부처님이 얼마나 훌륭한 분이라는 것을 알 수 있습니다. 부처님이 제자들에게 마지막으로 하신 말씀이 '나의 말을 믿지 마라. 내가 말했기 때문에 믿으면 안 된다'였다고 합니다. 부처님은 참으로 겸손하신 분입니다. 이렇게 인격적으로 성숙한 분이기에 제자들이 따랐고 불교를 창시하게 되었겠지요. 그런데 한편으로는 그렇게 훌륭하신 부처님도 사람이라는 것입니다. 사람에게는 한계가 있습니다.

아시아의 물개라고 불리던 조오련 선수 아시지요? 조오련 선수는 수영으로 대한해협을 건넜습니다. 아마 한강은 누워서도 건널 것입니다. 그러나 그가 아무리 수영을 잘한다 하나 태평양 한가운데 빠지면 살아남지 못할 것입니다. 사람이기 때문입니다. 이처럼 부처님도 사람이기에 한계가 있었습니다.

부처님은 이 세상을 고해라고 하면서 인간이 반드시 겪어야 하는 네 가지 고통인 생로병사를 말씀하셨습니다. 태어나는 것도 고통이요, 늙는 것도 고통이요, 병드는 것도 고통이요, 죽는 것도 고통이라고 하셨습니다. 인생을 깊이 통찰한 말씀이지요. 하지만 가만 생각해 보면 부처님은 죽음의 문제를 해결하지는 못했습니다.

그 유명하신 성철 스님도 해탈 성불하고자 8년간 눕지도 않고 극기 수행하다가 말년에 '내 말에 속지 마라. 나는 거짓말하는 사람이며 내 죄업이 수미산보다 높다. 나는 평생 죄만 짓고 간다' 말씀하셨습니다. 수미산이란 불교에서 말하는 가장 높은 가상의 산이지요. 즉 자신의 죄가 너무 많다고 말씀하신 것입니다. '벼는 익을수록 고개를 숙인다'라는 말이 있듯이 성철 스님도 부처님만큼이나 겸손하고 훌륭한 분이라는 생각이 듭니다. 그런데 부처님이나 성철 스님이 아무리 훌륭해도 사람이기에 죄와 죽음의 문제를 해결할 수는 없습니다.

성경도 모든 사람이 죄를 지었다고 말하고 있으며, 죄의 대가로 사망에 이르게 되었다고 말씀합니다(롬 3:23, 6:23). 또한 한 번 죽는 것은 사람에게 정해진 것이요 그 후에는 심판이 있을 것이라고 했습니다(히 9:27). 이처럼 불교에서나 기독교에서나 해 아래 있는 모든 사람은 죄와 죽음의 문제를 스스로 해결할 수 없음을 이야기하고 있습니다."

복음으로
연결시킨다
◇◇◇
여기까지 이야기한 후 다음과 같은 방법으로 복음과 연결시킨다.

1. 죄와 죽음의 문제로 접근한다

"선생님, 죄와 죽음의 문제에 대해서 해결 받고 싶지 않으십니까? 성경은 이 문제를 해결하는 방법을 이야기하고 있습니다. 잠시 시간을 내주시면 말씀드리겠습니다."

그런 뒤 자연스럽게 복음을 전한다.

2. 구원의 확신 질문으로 접근한다

"선생님, 제가 질문 하나 하겠습니다. 만일 지금 이 건물이 무너져 저와 선생님이 함께 죽었다고 가정해 봅시다. 그러면 선생님께서는 천국이나 극락에 갈 수 있다고 생각하십니까?"

"나는 천국이나 극락에 갈 자신이 없네요."

불교 등 다른 종교에서는 대부분 죄가 없거나 착한 행동을 해야 극락에 간다고 가르친다. 실제 해 아래 있는 모든 사람이 죄 아래 있기에 불자들은 대부분 죽으면 극락에 갈 자신이 없다고 말한다.

"그럼 두 번째 질문을 해 보겠습니다. 그럼 어떤 사람이 천국이나 극락에 들어갈 수 있다고 생각하십니까?"

"물론 착한 일을 많이 해야겠지요."

"네. 그렇게 생각하시는군요. 그러나 천국은 착한 일을 한다고 가는 곳이 아닙니다. 예를 하나 들어 보겠습니다. 우리 집에 망나니 같은 자식이 하나 있다고 생각해 봅시다. 내 자식은 밤 12시 또는 새벽

2~3시가 되어도 자기 마음대로 집에 들어옵니다. 부모는 자녀가 새벽 3~4시까지 들어오지 않으면 노심초사합니다. 그런데 옆집에 아까 선생님이 말한 대로 아주 착하고 봉사도 많이 하고 말도 잘 듣는 아이가 있다고 가정해 봅시다. 아무리 착할지라도 그 아이는 우리 집에 마음대로 들어올 수 없습니다. 밤중이나 새벽에 들어오려 하다가는 도둑으로 몰려 몽둥이로 맞을 수도 있습니다. 왜 그럴까요? 옆집 아이는 내 자식이 아니기 때문입니다. 또한 내 유산도 망나니 같은 그 자식이 다 가져갑니다. 내 자식이 우리 집에 들어오는 것은 부모님의 은혜 덕분입니다.

천국에 들어가는 것도 이와 같습니다. 즉 천국도 사람이 착한 일을 해서가 아니라 하나님의 은혜로 들어가는 것입니다.

성경은 "너희는 그 은혜에 의하여 믿음으로 말미암아 구원을 받았으니 이것은 너희에게서 난 것이 아니요 하나님의 선물이라 행위에서 난 것이 아니니 이는 누구든지 자랑하지 못하게 함이라"(엡 2:8-9)고 말씀하고 있습니다. 즉 천국은 하나님의 자녀들이 하나님의 은혜로 들어가는 곳입니다.

그런데 우리 아이가 새벽 3~4시에 들어오려는데 열쇠를 잃어버렸다고 합시다. 그러면 그 아이는 아무리 내 자식이라도 집에 들어올 수 없습니다. 아무리 자식이더라도 열쇠는 반드시 갖고 있어야 합니다. 마찬가지로 천국도 하나님의 은혜로 들어가지만 반드시 갖고 있어야 할 열쇠가 있습니다. 그 열쇠에 대해 말씀드려 보겠습니다."

기독교와 불교의

차이점을 이야기한다

◇◇◇

(1) 믿는 대상: 불교는 인간인 부처님의 가르침을 따르는 윤리의 종교다. 신을 믿는 종교가 아니다. 그러나 기독교는 절대자이신 창조주 하나님을 믿는다.

(2) 구원 방법: 불교에서는 극락에 가기 위해 인간 자신의 노력과 행위가 필요하다고 말한다. 그러나 기독교는 하나님의 은혜와 예수님이 사람의 죄 값을 치르기 위해 나 대신 십자가에서 죽으셨다는 것을 믿는 믿음으로 천국에 간다.

(3) 착한 일(선행): 불교에서는 해탈과 열반에 들기 위해 착한 일을 한다. 그러나 기독교인들은 하나님의 은혜와 구원 받은 것에 대해 감사해서 착한 일(선)을 한다.

(4) 천국이나 극락에 갈 확신: 불교인들은 거의 없다고 말한다. 그러나 기독교인들은 거의 있다고 말한다. '거의'라고 말하는 이유는 실제 구원의 확신이 없는 사람들을 종종 만나기 때문이다.

chapter 4

누구 때문에
교회 가기 싫어요

그리스도의 향기가 되어야 할 교회의 구성원이나 리더 때문에 교회에 가고 싶지 않다는 말을 전도 현장에서 심심찮게 듣는다. 그런데 예수님을 전하는 데 있어서 걸림돌이 되는 그 사람이 바로 내가 될 수 있다는 사실을 명심해야 할 것이다.

우리는 구원 받는 자들에게나 망하는 자들에게나 하나님

앞에서 그리스도의 향기니 고후 2:15

마음을
헤아려 준다
◇◇◇

이 상황에서도 일단 긍정적으로 받으면서 대답해 주고, 과거 예수님과 제자들도 그런 사람들을 보고 분개했다고 말한다.

"네, 그러시군요. 속상하시지요. 그 말을 들으니 저도 마음이 불편하네요. 그런데 그런 사기꾼(위선자) 같은 사람들은 예수님 시대에도 있었습니다. 성전 안에서 장사하는 사람들(사기꾼)을 보고 예수님이 '성전은 기도하는 집이라고 했는데 너희들은 강도의 소굴로 만들려고 하는구나' 하며 분개하셨거든요. 예수님의 제자들도 '그런 놈들을 없애 버리면 안 되나요? 우리가 내칠까요?' 하고 그들을 못마땅하게 여겼습니다."

> 예수께서 성전에 들어가사 성전 안에서 매매하는 모든 사람들을 내쫓으시며 돈 바꾸는 사람들의 상과 비둘기 파는 사람들의 의자를 둘러 엎으시고 그들에게 이르시되 기록된 바 내 집은 기도하는 집이라 일컬음을 받으리라 하였거늘 너희는 강도의 소굴을 만드는도다 하시니라 마 21:12-13

주인이 이르되 원수가 이렇게 하였구나 종들이 말하되 그
러면 우리가 가서 이것을 뽑기를 원하시나이까 마 13:28

이렇게 전도 대상자의 말에 동조한 후에 교회 안에는 여러 부류의
사람들이 있음을 이야기해 준다.

교회 안에
여러 부류가 있음을 말한다
◇◇◇

"지금도 교회 안에는 이런 사기꾼(위선자) 같은 사람들이 있습니다.
실제로 교회 다니는 사람을 세 부류로 나누어 볼 수 있는데요.

첫째는 거짓 교인(위선자)입니다.

자기 사업이나 유익을 위해 교회에 나오는 사람입니다. 이런 사람
들은 예수님을 믿고 하나님께 예배드리려고 교회에 나오는 것이 아
니라, 자기 사업이나 유익을 위해 교회에 나옵니다.

둘째는 미성숙한 그리스도인입니다.

이들은 어린아이와 같은 교인입니다. 어린아이의 특징은 자기중
심적이며 다른 사람을 배려하지 못한다는 것입니다. 종종 아이들이
부모를 따라 진료실에 들어오는 경우가 있는데 진료실 안에서 여러
기구를 자기 마음대로 만지기 때문에 진료에 지장을 줄 때가 있습니

다. 이때 부모가 제지하면 아이들은 떼를 쓰며 웁니다. 또 다른 예를 들어 보겠습니다. 막 결혼한 신혼부부가 친구들을 초청해 집들이를 했는데, 친구 중의 하나가 어린 자녀를 데려왔다고 합시다. 아이는 깨끗하게 도배한 벽에 색연필로 낙서를 하며 천방지축으로 거실을 뛰어다닙니다. 아이 엄마가 말리면 도리어 울면서 떼를 씁니다. 아이들이 이렇게 하는 것은 자기들이 좋아서 하는 행동이 남에게 피해를 줄 수 있다고 생각하지 못하기 때문입니다.

이처럼 미성숙한 그리스도인은 어린아이와 같이 자기중심적이기 때문에 자기 유익만을 위해 교회에 다닐 수 있습니다. 이런 모습이 교회에 다니지 않는 사람들의 눈에 위선자처럼 보일 수 있는 것입니다. 어린아이가 자라면서 자신을 반성하고 남을 배려하게 되듯이 미성숙한 그리스도인도 신앙의 연륜이 쌓이면서 자신보다는 이웃을 먼저 생각하고 배려하게 됩니다.

셋째는 성숙한 그리스도인입니다.

이들은 자기중심적이지도 않고 다른 사람을 배려하며 이웃 사랑을 실천하는 등 성숙한 신앙생활을 하는 사람들입니다. 그러나 아무리 성숙한 것 같아도 사람은 사람입니다. 사람은 완전할 수 없습니다. 사람이 학교에 다닌다고 교과서처럼 살아갈 수 있나요? 사람이 대학 졸업장을 받았다고 완전해집니까? 그렇지 않습니다. 교회에 아무리 오래 다녀도 사람은 완전할 수 없습니다.

신앙이 가장 좋다는 예수님의 제자들도 완전하지 못했습니다. 예수님은 제자들에게 몇 번이나 믿음이 없음을 지적하셨고, 예수님이 다시 오실 때 믿음 있는 자가 얼마나 있겠느냐고 말씀하셨습니다. 예수님의 수제자인 베드로도 예수님으로부터 믿음이 없다는 지적을 받았고 심지어 사탄이라는 말까지 들었습니다.”

예수께서 이르시되 어찌하여 무서워하느냐 믿음이 작은 자들아 하시고 곧 일어나사 바람과 바다를 꾸짖으시니 아주 잔잔하게 되거늘 마 8:26

내가 너희에게 이르노니 속히 그 원한을 풀어 주시리라 그러나 인자가 올 때에 세상에서 믿음을 보겠느냐 하시니라 눅 18:8

예수께서 즉시 손을 내밀어 그를 붙잡으시며 이르시되 믿음이 작은 자여 왜 의심하였느냐 하시고 마 14:31

예수께서 돌이키시며 베드로에게 이르시되 사탄아 내 뒤로 물러가라 너는 나를 넘어지게 하는 자로다 네가 하나님의 일을 생각하지 아니하고 도리어 사람의 일을 생각하는도다

하시고 마 16:23

"그런데 교회에 있는 목사님이나 장로님들 그리고 천주교의 신부님들이나 교황님도 예수님의 실제 제자보다 믿음이나 행실이 뛰어나지 못합니다. 그러므로 교회에서 완전한 사람은 아무도 없으며, 기준으로 삼을 만한 사람도 없습니다. 선생님의 마음을 아프게 한 그 사람도 교회의 기준이나 목표가 아닙니다. 실제 우리의 본이 되고 기준이 되시는 분은 예수님 외에는 이 세상에 없습니다."

몇 가지 방법으로
복음과 연결한다
◇◇◇

그런 후 다음의 몇 가지 방법을 이용해 복음과 연결시킨다.

예1: "그럼, 우리의 목표가 되시는 그 예수님을 소개하고 싶습니다."

예2: "또 다른 예를 들어 보겠습니다. 어떤 사람이 몇 년 동안 보물을 찾으러 다니다가 어느 동굴에서 힘들게 보물을 찾았다고 가정해 봅시다. 그런데 가만히 관찰해 보니 보물 옆에 동물의 배설물 등 오물이 함께 있었습니다. 그 사람은 오물 때문에 보물을 포기할까요?

그렇지 않을 것입니다. 보물 찾으러 다닌 사람의 목적은 오물이 아니라 바로 보물이기 때문입니다. 옆에 오물이 있어도 보물의 가치는 변하지 않습니다.

음식점에 갔는데 평소 나에게 알러지를 일으키는 음식이 있다고 가정해 봅시다. 또는 내가 싫어하는 음식이 바로 앞에 있다고 가정해 봅시다. 그렇다고 음식을 먹지 않고 그냥 나오나요? 그렇지 않습니다. 싫어하는 음식은 피하고 내가 좋아하는 음식을 맛있게 먹으면 됩니다. 내가 음식점에 간 목적은 음식을 먹기 위해서이기 때문입니다. 몸이 아파서 병원에 갔다고 합시다. 그런데 대기실에 환자들이 너무 많은 겁니다. 그렇다고 그냥 병원을 나오나요? 그렇지 않지요. 순서를 기다렸다가 진료를 받고 나옵니다. 내가 환자들을 보러 병원에 간 것이 아니라 의사를 만나 치료 받기 위해 병원에 간 것이기 때문입니다. 즉 내 목적은 오물이 아니라 보물이요, 내가 싫어하는 음식이 아니라 먹을 수 있는 음식이며, 주변에 있는 환자들이 아니라 의사를 만나 치료를 받는 것입니다.

이처럼 우리가 교회에 가는 목적은 선생님이 만났다는 그런 완전하지 못한 사람들을 만나러 가는 것이 아니라, 내 인생의 보물이며 내 영혼의 양식이 되시며 지치고 상처 받은 나를 회복시켜 주시는 예수님을 만나기 위해 가는 것입니다. 우리 인생의 목적이 되시는 예수님을 소개하고 싶습니다."

예3: "병원은 완전한 사람이 가는 곳이 아닙니다. 어딘가 아프기 때문에 가는 곳이지요. 병원에 가 보면 모두 아픈 사람들뿐입니다. 교회도 마찬가지입니다. 교회도 완전한 사람이 가는 곳이 아니라 어딘가 불완전한 사람이 가는 곳입니다. 성경에도 모든 사람이 죄를 지었다고 말씀하고 있고요. 예수님도 나는 의인을 부르러 온 것이 아니라 죄인을 부르러 왔다고 말씀하고 있습니다. 본인이 완전하다고 생각하는 사람은 교회에 갈 필요가 없습니다. 예수님도 환영하지 않습니다. 그러므로 교회 안에 의인(기준이 되는 사람)은 아무도 없습니다. 교회 안에 있는 모든 사람은 흠이 있다는 것입니다. 우리에게 본이 되고 귀감이 되시는 분은 예수님밖에 없습니다. 그 예수님을 소개하고 싶습니다."

예4: "몸이 불편하여 병원에 간 사람은 의사 선생님을 만나 잘 치료하면 회복될 수 있습니다. 그런데 병원에서 치료 받았다고 완전한 사람이 되는 것은 아닙니다. 다시 아플 수 있습니다. 마찬가지로 교회에서 신앙생활을 하다 보면 회복됩니다. 그러나 다시 죄를 지을 수 있습니다. 우리 그리스도인들은 용서 받은 죄인이지 완전한 자가 아닙니다. 우리는 죄가 있고 부족하기 때문에 교회와 예수님이 필요합니다. 예수님은 완전한 자(의인)를 위해 이 땅에 오신 것이 아니라 죄인인 우리를 부르러 오신 것입니다."

chapter 5.

하나님은 사랑이라면서
왜 고난을 주시나요?

어떤 사고로 많은 인명 피해가 나거나 신실한 성도 가정에 좋지 않은 일이 생기면 믿지 않는 사람들은 종종 "하나님이 살아 계신다면 왜 도와주지 않았을까? 하나님이 계신 것 맞아?"라고 하나님을 원망하며 공격한다.

여기에는 두 가지 배경을 생각해 볼 수 있다.

첫째, 하나님을 믿지 않는 사람도 한편으로는 '하나님이 전능하시고 사랑이 충만한 분이 아닐까'라는 생각을 하고 있다. 그래서 사고로 많은 인명 피해가 나면 '전능하시고 사랑이 많다는 하나님이 왜 구해 주시지 않았을까?' 하면서 하나님께 공격의 화살을 돌린다.

둘째, 사람은 선악과를 따먹은 아담의 후손이기에 본능적으로 다른 사람들의 행동을 보면서 선한지 악한지 판단하려고 한다. 더 나아가 하나님까지도 판단한다. 판단과 더불어 사람은 핑계를 대고 원망하는 속성이 있다.

하나님께서 선악과를 따먹은 아담에게 "내가 네게 먹지 말라고 했던 나무 열매를 왜 먹었니?"라고 물으시자 아담이 "하나님이 주셔서 나와 함께 있게 하신 여자 그가 그 나무 열매를 내게 주므로 내가 먹었나이다"라고 대답한다(창 3:11-12). 자신이 선악과를 따먹게 된 이유가 여자 때문이라고 핑계를 대고 있는 것이다. 그런데 아담의 대답을 잘 생각해 보면 "그 여자를 나에게 주신 분이 하나님 아닙니까?" 하고 은근히 하나님한테 원망의 화살을 돌리고 있다.

이처럼 사람은 본인이나 주위 사람에게 고난이 오면 누군가를 판단하고 하나님을 원망하려 든다.

예를 들어, 어느 여자 집사님의 남편이 매일 술을 마시다가 간경화나 간암에 걸려 죽었다고 가정해 보자. 이 경우 옆집에 사는 사람이 "아니, 저 ○○○ 엄마 교회에 열심히 다녔는데 하나님이 살아 계시다면 왜 남편을 저렇게 죽게 하시나?" 하면서 하나님께 공격의 화살을 돌린다. 성경은 술 취하지 말라고 말한다. 그런데 매일 술 취하도록 마시고 술로 인해 간경화와 간암이 걸렸다면 술을 그토록 마신 사람의 문제다. 그런데 죄는 사람이 지었는데 원망은 하나님께 하는 것이다. 이런 예는 술뿐만 아니라 담배, 마약, 문란한 성생활, 부당한 로비로 인한 부실 공사, 자연 파괴, 산림 훼손, 신호위반 등 수없이 많다. 교회에 열심히 다니는 사람이 신호위반을 해서 사고가 난 경우 잘못은 사람이 했는데 하나님이 보호해 주시지 않았다고 공격의 화살을 하나님께 돌린다.

한편, 하나님은 이 세상을 만들면서 만물에 자연법칙을 세우셨다. 빙판길은 미끄럽기 때문에 조심해서 걷지 않으면 넘어질 수 있다. 커브 길 운전에서 사고를 방지하려면 속도를 줄여야 한다. 그런데 이런 자연법칙에 거스르는 행동을 하고 나서 사고가 난 경우에도 하나님을 원망한다. 비 오는 날 우산도 쓰지 않고 돌아다니다 감기에 걸리고 나서 하나님을 원망하는 식이다.

고난에 대한 질문은 전도 대상자가 직접 하나님을 공격하는 것이기 때문에 하나님 말씀인 성경을 중심으로 대답해 주는 것이 좋다. 고난에 대한 질문은 비기독교인뿐만 아니라 종종 기독교인들도 할 수 있기 때문에 다음에 나오는 내용을 숙지한다면 언제든 적절하게 대답해 줄 수 있다.

고난에 대한

답

◇◇◇

성경 말씀은 베드로전서 2장 19-20절과 요한복음 9장 1-3절을 중심으로 하였다. 베드로전서에 나오는 말씀은 베드로가 저자이기에 사람의 관점에서 생각해 보았고, 요한복음은 예수님 말씀이기에 하나님 관점으로 생각해 보았다.

> 부당하게 고난을 받아도 하나님을 생각함으로 슬픔을 참으면 이는 아름다우나 죄가 있어 매를 맞고 참으면 무슨 칭찬이 있으리요 그러나 선을 행함으로 고난을 받고 참으면 이는 하나님 앞에 아름다우니라 벧전 2:19-20

> 예수께서 대답하시되 이 사람이나 그 부모의 죄로 인한 것이 아니라 그에게서 하나님이 하시는 일을 나타내고자 하심이라 요 9:3

고난이 오는 상황을 다음과 같이 정리할 수 있다.

Ⅰ. 사람의 관점에서 볼 때(벧전 2:19-20)

1. 부당하게(애매하게)

2. 죄로 인해

3. 선을 행하다가

Ⅱ. 하나님의 관점에서 볼 때(요 9:3)

1. 죄

(1) 징벌(징계, 창 3:16-17, 욥 4:7, 요 9:1-2, 롬 2:9, 6:23)

* 하나님의 사랑의 끈(흔적): 가죽옷(창 3:21), 머리털(삿 16:22)

(2) 관계 회복(영혼 구원, 시 119:67, 71, 눅 15:14-20)

* 하나님의 사랑의 매

(고통을 못 느낄 때 더 깊은 죄악의 상태로)

2. 하나님의 뜻

(벧전 2:19-20의 '부당하게, 선을 행하다가'가 여기에 해당)

(1) 더 깊은 교제(test): 아브라함, 욥

(2) 축복의 통로: 예수님(사 53:5-6), 요셉, 바울(선교사)

(3) 하나님의 계획: 날 때부터 맹인(요 9:3), 닉 부이치치

고난에 대한 질문도 가급적 긍정적으로 받고 오히려 칭찬하는 것으로 시작한다.

예1: "하나님은 사랑이라면서 왜 사람들에게 고통을 주시나요?"

"선생님은 참으로 자비가 많으신 것 같습니다. 하나님은 사랑의 하나님이시지만 성경에서는 다음과 같은 상황에서 고난이 온다고 말씀하고 있습니다."

예2: "하나님은 사랑이라고 하는데 저렇게 성실하게 살아온 ○○○가 왜 고통을 당하나요?"

"선생님은 참으로 자비가 많으신 것 같습니다. 그래요, 성경은 이처럼 아무 잘못이 없는데도 고난이 올 수 있다고 말씀하고 있습니다. 성경은 고난 받는 경우를 세 가지로 이야기합니다."

다음은 예2에 대한 대답의 연장이다.

"첫째는 아무 잘못도 없는데 부당하게(애매하게) 받는 고난이 있고요, 둘째는 평소에 남을 괴롭히며 말썽만 피우던 사람에게 불행이 닥치면 '저 사람은 아마 천벌을 받은 것 같아'라고 하듯이 죄지은 사람에게 오는 고난이 있습니다. 그리고 셋째는 선한 일(착한 일)을 하는데도 고난이 올 수 있다고 성경은 말하고 있습니다. 이 세 가지는 우리 사람의 입장에서 본 것입니다(벧전 2:19-20).

그런데 하나님의 관점에서 볼 때 하나님은 두 가지 이유로 고난을 주신다고 합니다. 첫째는 사람이 죄를 지었을 때 주는 고난이고요.

둘째는 죄를 짓지 않았어도 하나님께서 어떤 뜻이 있어 고난을 주신 다는 것입니다(요 9:3)."

다음은 구체적인 설명에 해당한다.

1. 사람이 죄를 지었을 때 하나님이 주시는 고난

"죄로 인한 고난은 다시 두 가지로 나누어 생각해 볼 수 있는데 하나는 죄의 대가로 주는 고난(징계)이 있고, 또 다른 하나는 비록 죄를 지었지만 그 사람과 관계를 회복하기 위해 주시는 고난이 있습니다."

1) 죄의 대가, 즉 징계로서 주시는 고난에 대해 말씀드리겠습니다.

"고통은 첫 사람인 아담과 하와가 하나님께 죄를 지은 후 오게 되었습니다. 사람들은 아주 심한 고통을 말할 때 '애 낳을 때처럼 아파요'라는 표현을 쓰는데, 하나님께 죄지은 여자 하와로 인해 해산의 고통이 왔습니다. 또한 여자는 원래 남편과 짝(돕는 배필, 에제르)의 관계 즉 수평 관계였습니다. 그런데 죄를 지은 후 이 수평 관계가 깨지고 남편의 지배를 받으면서 정신적인 고통을 수반하게 되었습니다. 결국 죄의 대가로 사람에게 육체적인 고통과 정신적인 고통이 오게 된 것입니다."

또 여자에게 이르시되 내가 네게 임신하는 고통을 크게 더

하리니 네가 수고하고 자식을 낳을 것이며 너는 남편을 원
하고 남편은 너를 다스릴 것이니라 하시고 창 3:16

"남자 아담도 죄짓기 전에는 하나님께서 주신 나무의 열매를 수고
의 대가 없이 먹을 수 있었습니다. 그런데 죄를 짓고 난 후 수고하고
고통을 받아야 땅의 소산을 먹게 되었습니다."

아담에게 이르시되 네가 네 아내의 말을 듣고 내가 네게 먹
지 말라 한 나무의 열매를 먹었은즉 땅은 너로 말미암아 저
주를 받고 너는 네 평생에 수고하여야 그 소산을 먹으리라
창 3:17

"죄의 대가로 아담과 하와에게 고통이 온 후 사람들은 고난과 고
통이 오면 그 원인을 죄 때문이라고 생각하게 되었습니다. 물론 성
경에서도 그렇게 말씀하고 있습니다."

상황에 따라 다음의 예화들을 말해 줄 수 있다.

"예를 들어, 우스 땅에 욥이라는 의로운 사람이 살고 있었습니다.
욥은 하나님과 사탄의 대화 중 우연히 등장하게 되어 죄를 짓지 않
았는데도 아무 이유 없이 고난을 받게 됩니다(욥 1:6-12). 이때 욥을
위로하기 위해 온 친구가 고통 받고 있는 욥에게 '생각하여 보라 죄

없이 망한 자가 누구인가 정직한 자의 끊어짐이 어디 있는가'(욥 4:7) 라면서 아무 죄도 짓지 않은 욥에게 '네가 지금 고통 받고 있는 것은 죄를 지어서 그래'라고 정죄했습니다.

또 다른 예를 들어 보겠습니다. 예수님이 제자들과 길을 가시다가 날 때부터 맹인이 된 사람을 보게 되었습니다. 이때 제자들이 '선생님 이 사람이 맹인으로 난 것이 누구의 죄로 인함이니이까 자기니이까 그의 부모니이까'(요 9:2) 하면서 누구의 죄 때문에 맹인이 된 것으로 여겼습니다. 이외에도 성경의 많은 곳에서 고난과 고통이 오면 그 원인을 죄 때문이라고 말씀하고 있습니다."

악을 행하는 각 사람의 영에는 환난과 곤고가 있으리니
롬 2:9

죄의 삯은 사망이요 롬 6:23

"이처럼 사람의 고난과 고통은 죄의 대가로 오게 되었습니다. 그러나 이런 징계 가운데서도 하나님은 사랑의 끈을 놓지 않으십니다. 하나님은 죄지은 아담과 하와를 에덴동산에서 쫓아내기 전에 그들에게 가죽옷을 입혀 주셨고(창 3:21), 하나님 말씀을 듣지 않아 블레셋 사람들에게 머리털이 잘리고 붙잡혀 두 눈이 뽑힌 삼손에게 긍휼을 베푸셔서 다시 머리털이 자라게 하셨습니다(삿 16:22)."

2) 사람이 죄를 지었지만, 하나님께서 그 사람과 관계를 회복하기 위해 고난을 주시는 것에 대해 말씀드려 보겠습니다.

"이것은 부모가 죄를 지은 자녀에게 주는 사랑의 회초리와 같습니다. 부모는 자녀가 잘못하면 아무리 사랑스러울지라도 다시는 그런 일을 하지 못하도록 사랑의 매를 듭니다. 이처럼 하나님도 우리가 죄를 지을 때 사랑의 매를 드십니다. 사랑의 하나님은 우리가 죄 때문에 불행해지고 사망에 이르는 것을 원치 않으십니다. 그래서 사랑의 매로 다스리십니다. 아이들은 뜨거운 주전자를 직접 만져 보아야 다시는 뜨거운 주전자에 손을 대지 않습니다. 하나님이 우리에게 주시는 고통도 이와 같습니다. 다시는 죄짓지 말라고 고통을 주시는 것입니다.

그 유명한 다윗왕도 사랑의 매를 맞았기에 정신을 차리고 하나님과 관계를 회복할 수 있었습니다. 돌아온 탕자 역시 이국땅에서 끼니조차 때우기 힘든 고통을 받은 뒤에야 아버지께로 돌아왔습니다. 이국땅에서 잘 먹고 잘살았다면 탕자는 절대 아버지 집으로 돌아오지 않았을 것입니다. 쫄딱 망해 고난이 오니까 아버지를 찾아오게 된 것입니다(눅 15:14).

2001년 911테러로 많은 사람이 목숨을 잃었습니다. 이때 많은 미국인들이 육체적으로나 정신적으로나 큰 충격을 받고 교회를 찾았다고 합니다. 이처럼 사람들은 고난을 받으면 하나님을 찾습니다. 그래서 하나님은 죄지은 사람에게 고난을 주어 하나님 자신과 관계를 회복하기 원하십니다.

(참고로 뜨거운 주전자에 손이 닿는 경우 대부분의 사람들은 '앗 뜨거워' 하면서 손을 뗍니다. 그런데 손에 감각이 없는 사람은 주전자에 손을 계속 대고 있다가 더 깊은 화상을 입습니다. 이처럼 죄로 인해 고난이 왔는데도 깨닫지 못하고 계속 죄를 지으며 하나님께 돌아오지 않는다면 그 사람은 불행하게 될 것입니다.)"

2. 사람이 죄를 짓지 않았어도 하나님께서 어떤 뜻이 있어서 고난을 주시는 경우

"사람들은 이런 고난을 보면서 '저 사람은 아무 죄도 없는데 왜 이토록 고난을 받을까?' '저렇게 착한 일을 많이 했는데 어째서 고난을 받는 거야?' '신앙이 저렇게 좋으신 목사님인데 어째서 암에 걸리셨나?' 하고 말하기 좋아합니다. 아마 사람의 관점에서(벧전 2:19-20) 볼 때 '부당하게'와 '선을 행하다가' 받는 고난이 여기에 해당된다고 볼 수 있습니다.

여기서는 다시 세 가지로 나누어 생각해 볼 수 있는데요."

1) 하나님은 그리스도인의 신앙을 업그레이드시키고 우리와 더 깊은 교제를 나누기 원하셔서 고난을 주기도 합니다.

"사람은 적당한 스트레스를 받으면 더 건강해질 수 있습니다. 적당한 운동이 그 예입니다. 운동은 심장과 근육에 적절한 스트레스를 주므로 사람들을 건강하게 해 줍니다. 이처럼 하나님도 우리의 신앙을 더 성숙하게 하기 위해 사람에게 감당할 수 있는 시험(고전 10:13), 즉 고난을 주십니다.

여기에 해당하는 대표적인 사람이 믿음의 아버지인 아브라함과 동방의 의인 욥입니다.

아브라함은 100세에 난 외아들을 번제로 바치라는 하나님의 말씀을 듣습니다(창 22:2). 아브라함은 이 말씀에 순종하여 3일 길을 걸어 하나님께서 지시하신 모리아산으로 갑니다. 그 3일 동안 아브라함이 부모로서 얼마나 고통스러웠겠습니까? 하나님은 아브라함이 그 시험을 잘 감당하기 원하셨습니다. 그 시험(test)을 통과한 아브라함과 더 깊은 교제를 하고 싶었던 것입니다.

욥도 극심한 고통 가운데 있을 때 그 고난이 이해되지 않았으나 그럼에도 불구하고 끝까지 인내하며 하나님을 원망하지도 떠나지도 않았습니다. 시험을 통과한 욥은 결국 이전보다 더 큰 축복을 받았습니다.

아브라함과 욥의 고난을 통해 우리는 어떤 고난이 오더라도 하나님을 신뢰하고 인내하면 하나님께서 결국 회복해 주시고 더 큰 복을 주신다는 가르침을 얻게 됩니다."

2) 고난은 '하나님의 축복'의 통로가 됩니다.

"대표적인 분이 바로 예수님입니다. 아무 죄도 없는 예수님이 우리 인류의 죄를 대신해서 십자가에서 고통당하시고 죽으셨습니다. 예수님의 고통을 통해 우리는 구원이라는 축복을 받았습니다."

> 그가 찔림은 우리의 허물 때문이요 그가 상함은 우리의 죄
> 악 때문이라 그가 징계를 받으므로 우리는 평화를 누리고
> 그가 채찍에 맞으므로 우리는 나음을 받았도다 우리는 다
> 양 같아서 그릇 행하여 각기 제 길로 갔거늘 여호와께서는
> 우리 모두의 죄악을 그에게 담당시키셨도다 사 53:5-6

"또한 구약에서 대표적인 사람으로 요셉이 있습니다. 요셉은 야곱의 열한 번째 아들로서 아버지 야곱의 특별한 사랑을 받았습니다. 그래서 형들은 요셉을 시기하며 미워했습니다. 어느 날 요셉이 자기가 꾼 꿈을 형들에게 이야기했는데 첫 번째는 열한 명의 형들이 자기에게 절한다는 것이었고, 두 번째는 형들뿐만 아니라 어머니 아버지까지 자기에게 절한다는 것이었습니다. 이후 요셉은 형들에게 완

전히 미움을 사게 됩니다. 요셉은 형들에 의해 지금으로 말하면 인신매매를 당하여 이집트(애굽)의 보디발 장군 집으로 팔려 갑니다. 그 집에서 유혹하는 장군의 아내를 거절했다가 도리어 성폭력범으로 몰려 감옥에 갇힙니다. 이쯤 되면 대개 '나는 아무 죄도 없는데 하나님은 왜 이토록 고난을 주시나'라고 원망을 하게 됩니다. 그런데 요셉은 그토록 많은 어려움 가운데서도 아무 원망 없이 그 고난을 감내하였고, 하나님의 인도로 애굽의 총리에까지 오르게 됩니다. 그 후 이스라엘과 애굽 땅에 극심한 가뭄이 왔을 때, 요셉은 부모와 형들을 애굽으로 불러 그들에게 양식을 제공하는 축복의 통로가 됩니다. 요셉의 입장에서 보면 그는 아무 이유 없이 고통을 당했지만 하나님 입장에서는 이스라엘을 구원하기 위한 계획 중에 있었던 일입니다. 하나님께서 자신의 뜻을 이루기 위해 요셉을 사용하신 것입니다.

지금도 '하나님의 축복'의 통로 역할을 하는 분들이 있습니다. 바로 선교사님입니다. 선교사님은 익숙하지 않고 환영받지 않는 이국 땅에서 힘들게 살아가지만 그들을 통하여 많은 사람들이 예수님을 믿게 되는 축복을 받습니다. 대표적인 선교사는 사도 바울입니다. 바울은 매도 수없이 맞고 여러 번 죽을 뻔도 했지만(고전 4:11, 고후 11:23) 그의 고난을 통해 많은 사람들이 예수님을 믿게 되었습니다."

(성경 이야기에 전도자 개인의 간증을 덧붙여도 좋다.)

"저희 집 얘기도 들려주고 싶습니다. 초등학교 6학년 때 제 위로 고3 형이 있었습니다. 그런데 형이 수학여행을 갔다가 부여 백마강에서 익사 사고를 당하여 먼저 하늘나라로 갔습니다. 당시 어머니는 교회에 열심히 다녔지만 아버지는 다니지 않았습니다. 그런데 아버지가 형이 사고를 당한 지 7일째부터 새벽기도회에 다니더니 예수님을 믿은 지 3일 만에 방언의 은사까지 받았습니다. 당시는 이해가 되지 않았지만 지금 생각해 보면 형의 죽음으로 인해 아버지가 예수님을 믿게 되었고 후에 하나님의 아들로서 큰일을 감당하게 되었습니다. 형의 죽음이 우리 가정에 커다란 고통이었고 이해되지 않는 고난이었지만, 결국 아버지가 예수님을 믿고 새로운 인생을 살게 되는 축복의 통로가 되었습니다.

이처럼 어떤 사람의 고난과 고통은 다른 사람에게 '하나님의 축복'의 통로가 되기도 합니다."

3) 하나님께서 자신의 계획을 이루기 위해 고난을 주십니다.

"하나님의 축복의 통로도 아니고, 하나님과 더 깊은 교제를 위한 것도 아니지만, 하나님은 자신의 계획을 이루기 위해 사람에게 고난을 주시기도 합니다.

요한복음 9장에서 제자들은 예수님과 함께 길을 가다가 날 때부터 시각장애자(맹인)가 된 사람을 보게 됩니다. 제자들은 맹인으로 태어난 원인이 어떤 죄 때문인 것으로 생각하여 예수님께 '저 맹인은 어떤 죄로 인해 맹인이 되었나요?'라고 물어봅니다. 이때 예수님께서 '이 사람이 맹인으로 난 것은 그에게서 하나님이 하시고자 하는 일을 나타내기 위함이라'고 대답하셨습니다. 예수님은 그 맹인의 눈을 고쳐 주셨고, 맹인은 당시 예수님을 시기하고 대적하던 사람들(바리새인과 서기관들)에게 '내가 그분 때문에 눈을 뜨게 되었다'고 예수님의 능력을 간증했습니다."

> 대답하되 그가 죄인인지 내가 알지 못하나 한 가지 아는 것
> 은 내가 맹인으로 있다가 지금 보는 그것이니이다 요 9:25

"어떻게 보면 이 사람은 예수님의 능력을 간증하기 위해 맹인으로 태어난 것입니다. 이와 비슷한 예는 닉 부이치치라는 사람에게서 찾아볼 수 있습니다. 닉 부이치치는 팔, 다리 없이 태어난 호주 사람입니다. 그는 자신의 모습을 비관하여 몇 번이나 자살을 시도했다고 합니다. 어느 날 닉 부이치치는 성경을 보다가 한 인물을 만납니다. 바로 '날 때부터 맹인 된 사람'이었습니다. 그는 그 성경 말씀을 읽다가 하나님께서 자신에게도 이 맹인처럼 어떤 일을 하기 위해 팔다리가 없는 자로 만드셨다는 것을 알게 됩니다. 그 후 그는 용기를 얻고 회심하여 지금은 전 세계 청소년들에게 희망과 용기를 전하는

영향력 있는 사람이 되었습니다. 닉 부이치치는 비록 사지가 없지만 예수님을 만나고 나서 행복하게 살아가고 있습니다. 이처럼 하나님은 어떤 계획이 있어 사람에게 고난을 주시기도 합니다.

하나님은 고난을 통해 우리와 관계가 회복되어 더 깊은 교제를 하기 원하십니다. 그리고 우리가 '축복의 통로'가 되고 하나님의 뜻을 이루기 바라십니다. 고난이 오면 사람들은 겸손해지고 낮아지며 하나님을 찾습니다. 그래서 그리스도인들은 고난을 하나님께 나아가는 축복의 통로라고 말하기도 합니다. 하나님은 무릎 꿇고 나아오는 우리를 더 좋은 길로 인도해 주시고 보호해 주십니다. 그 하나님을 소개하고 싶습니다."

chapter 6.

하나님이 계시다면
어째서 악인을 벌하지 않나요?

오래전에 많은 사람을 성폭행했던 범인이 붙잡혀 전 국민의 분노를 일으킨 적이 있다. 전도 훈련을 받던 한 자매가 직장 동료가 그 성폭행범을 보면서 "하나님이 계시다면 왜 저런 인간을 그대로 두시나"라고 질문했는데 대답하지 못했다면서 내게 그 대답을 해달라고 요청했다. 그때 다음과 같은 내용을 이야기해 주었다. 자매가 그 동료에게 내가 설명한 대로 이야기해 줬더니 동료가 '아 그렇구나' 하고 수긍했다고 한다.

하나님의 마음을
설명한다

◇◇◇

이런 질문을 하는 사람들은 하나님이 전능하시다면 정의의 사자처럼 정의의 칼로 악한 사람을 징벌해 주기를 바라는 마음이 있다. 그 사람은 하나님의 존재를 완전히 부정하지 않고 있다는 것도 알 수 있다. 그도 하나님이 공의의 하나님이라는 사실을 본능적으로 느끼고 있는 것이다.

여기에 대한 대답도 가급적 칭찬으로 시작한다.

"선생님은 참으로 정의로운 사람인 것 같습니다. 그래요, 저런 사람들은 이 세상에서 없어졌으면 좋겠지요? 저도 그렇게 생각하고 있습니다. 그렇다면 하나님은 저런 악한 사람들을 어떻게 생각하실까요?

성경에 나오는 하나님의 마음을 말씀 드려 보겠습니다.

하나님은 사람을 컴퓨터가 내장된 로봇처럼 만들지 않았습니다. 하나님은 사람에게 '지, 정, 의'의 마음을 주셔서 우리로 하여금 의지, 즉 자유의지대로 결정할 수 있는 마음을 주셨습니다. 그래서 하나님이 좋아하는 삶을 사는 사람도 있지만 저 사람처럼 자기의 의지대로 하나님이 원치 않는 삶을 살아가는 경우도 있습니다.

그렇다면 하나님은 세상에서 필요 없는 것처럼 보이는 저런 사람을 어떻게 하실까요? 여기에 대한 하나님의 마음은 하나님의 형상대로 창조된 사람, 즉 일반적인 부모의 마음을 생각하면 쉽게 이해할 수 있습니다. 예를 들어 어느 집에 많은 자녀를 둔 부모가 있다고 가정해 봅시다. 자녀 중에는 아주 잘사는 자녀도 있고 좋은 직장에 다니는 자녀도 있으며 부모님 말씀을 잘 듣는 자녀도 있고 아주 말썽을 피우며 어렵게 살아가는 자녀도 있을 것입니다. 부모는 어느 자녀에게 가장 관심이 많을까요? 부모는 돈을 많이 벌어 용돈을 넉넉히 주는 자녀보다 용돈은 고사하고 끼니도 먹기 힘들 정도로 어렵게 사는 자녀에게 마음이 더 쏠립니다. 왜 그럴까요? 그것은 자녀에 대한 부모의 본능적인 사랑 때문입니다.

오래전에 TV에서 강도 절도 탈주범 이야기가 한창 방영된 적이 있습니다. 탈주범은 매우 포악해서 일반 시민들이 불안에 떨었고, 검찰과 경찰은 그 탈주범을 잡기 위해 혈안이 되어 있었습니다. 그러던 어느 날 탈주범이 자신의 어머니 집에서 새벽에 밥을 먹고 나왔다는 뉴스를 보았습니다. 이것이 바로 부모의 사랑입니다. 세상 모든 사람이 손가락질을 하고 비방하더라도 부모는 자기 자녀를 거부하지 않고 받아들입니다. 저의 외할머니도 다른 자식보다 가장 어렵게 살던 작은이모를 그렇게 걱정하셨습니다. 부모는 불행하고 힘들게 사는 자녀에게 마음이 갈 수밖에 없는 것입니다. 저 자신만 봐도 자녀에 대한 저의 마음이 알을 낳기 위해 자기 목숨을 바꾸는 연어와 같다고 생각될 때가 종종 있습니다.

사람에 대한 하나님의 사랑과 마음도 바로 이와 같습니다. 아니 자녀에 대한 부모의 마음보다 더 깊고 넓습니다. 더 불행해진 사람, 잃어버린 영혼과 죽어 가는 영혼에 하나님의 마음이 더 집중하고 계시다는 것입니다.

어느 가정에 100명의 자녀를 둔 사람이 있었습니다. 그런데 평소에 가장 말썽 피우던 한 자녀를 길에서 잃어버리게 됩니다. 모든 사람을 동원하여 잃어버린 아이를 찾았는데 그 기쁨이 평소 말 잘 듣고 말썽 피우지 않던 나머지 자녀 99명이 주는 기쁨보다 더 컸다고 합니다(눅 15:7). 이것이 바로 하나님 아버지의 마음입니다.”

사랑의 하나님을
설명한다

◇◇◇

“예수님도 ‘이 땅에 오신 이유가 의인을 부르러 온 것이 아니라 죄인을 구원하기 위해서 왔다’라고 말씀하셨습니다(마 9:13, 롬 5:8). 예수님은 한평생 나쁜 짓만 하다가 십자가에서 죽기 직전에 회개한 십자가 우편의 강도를 구원해 주셨습니다(눅 23:43). 이처럼 하나님은 마지막까지 우리가 회개하고 돌아오기를 기다리십니다.

과거 정치 깡패였던 ○○이 지금은 예수님을 잘 믿고 있다고 합니다. 하나님은 누구든지 회개하고 하나님께 돌아오기를 간절히 원하십니다. 집 나간 자녀를 끝까지 기다리는 부모보다 더 간절한 마음으로 말입니다.

하나님은 결코 심판하기를 좋아하시는 분이 아닙니다. 조그마한 실수에도 심판하시는 그런 분이 아닙니다. 하나님은 사랑의 하나님입니다.

부모가 자기 자녀를 본능적으로 사랑하듯이 하나님도 자녀인 우리를 그토록 사랑하십니다. 우리가 볼 때는 아무리 악한 이라도 하나님 눈에는 사랑스런 자녀이기에 그가 회개하고 돌아오길 기다리십니다.

그런데 하나님께서 진짜 필요 없는 자라고 생각한다면 어떻게 하실까요?

성경에서는 이런 사람을 가라지라고 표현하는데, 가라지는 벼와 비슷하게 생겼으나 벼는 아닙니다. 가라지는 아무 열매도 맺지 못하며 벼와는 아예 종자가 다릅니다. 벼에게 피해만 줄 뿐입니다. 예수님의 제자들은 가라지가 곡식에 피해를 주므로 미리 뽑아서 없애 버리자고 요청했습니다. 그런데 예수님은 가라지를 뽑다가 곡식이 다칠 수 있으니 뽑지 말고 기다리라시며, 가라지들은 추수 때 즉 심판

때에 지옥 불의 심판을 받는다고 하셨습니다. 가라지 같은 사람은 결국 지옥 불의 심판을 받습니다.

그런데 악한 일을 하는 사람을 보면서 지옥 불에 떨어질 가라지인지 천국에 갈 곡식인지 우리가 판단해서는 안 됩니다. 가라지와 곡식은 오직 하나님만이 구별하실 수 있기 때문입니다. 그 하나님을 소개하고 싶습니다."

chapter 7

나는 성경을
믿지 않습니다

전도 현장에서 성경을 믿지 못하겠다는 사람들을 종종 만난다. 그들은 이 세상에서 합리적인 학교 교육을 받은 사람들이기에 눈에 보이지 않는 영적인 세계를 다룬 성경에 대해 부정적으로 생각할 수 있다. 이들에게는 다음의 두 가지 접촉점을 사용하여 마음의 문을 두드릴 수 있다.

성경의 역사성을
설명한다

◇◇◇

1. '보이지 않는 하나님을 믿을 수가 없다'는 말을 접촉점으로 삼는다.

예1: "그럼 선생님은 하나님의 존재를 믿지 못하시나요? 그래요, 사람들은 자신이 무언가를 보거나 들을 때 믿게 되지요. 그러나 우리 눈에 보이지 않고 들리지 않더라도 실제 존재하는 것들이 많습니다(121쪽 '사람의 한계' 참조).

예2: "그럼 선생님은 창조론을 믿으시나요, 아니면 진화론을 믿으시나요?"(123쪽 '하나님이 만물을 통해 자신을 보여 주심' 참조)

위의 두 질문을 통해 하나님의 존재에 대해 이야기해 준 후 그 창조주 하나님이 우리에게 써 주신 사랑의 편지가 성경이라고 말한다.

2. 불경을 접촉점으로 삼는다.

많은 사람들이 불경은 실제 부처님에 대한 이야기라고 믿고 있다.

"선생님은 불경은 믿으세요?"라고 물은 후 불경을 믿는다는 사람에게 이렇게 말한다.

"불경은 사실을 기록한 책이지요. 불경은 석가모니께서 약 2600년 전에 자신의 깨달음을 설법한 내용을 후에 제자들이 글로 편찬한 것입니다. 가상의 책이 아니라 역사적으로 실제 있었던 일을 기록한 책입니다.

성경도 역시 역사적으로 있던 사건을 다룬 책입니다. 성경은 실제 이스라엘의 역사이며 예수님의 말씀을 제자들이 기록한 책입니다. 우리가 역사를 BC와 AD로 나누는데, BC는 Before Christ 즉 예수님 탄생 전(주전, 기원전)을 의미하는 말이고요, AD는 라틴어로 Anno domini 로 주님의 해(주후, 기원후, 서기)라는 의미입니다. 역사가들은 예수님을 중심으로 인류의 역사(시대)를 나누었습니다. 역사를 영어로 History라 고 하는데 이 단어는 His Story를 합친 말로 그의 역사 즉 예수님의 역 사라는 의미입니다. 이처럼 예수님은 역사의 중심(기원)이 되시며 성 경은 가상이 아닌 실제 있었던 사건을 기록한 책입니다."

3. 접촉점 사용 후 성경의 특징을 말한다

첫 번째 또는 두 번째 접촉점을 연이어 사용할 수도 있고 상황에 따라 하나만 사용한 후 성경 이야기를 해 줄 수 있다.

"그런데 성경은 일반 책들과는 다른 두 가지 특징이 있습니다. 첫 번째 특징은, 성경에는 예언의 말씀이 있다는 것입니다. 특별히 예 수님에 대한 예언이 300개 정도 되는데 대표적인 것이 예수님의 탄생, 죽음, 부활 그리고 재림에 대한 예언입니다."

　세계에서 성인으로 추앙 받는 공자나 부처, 그리고 다른 누구도 예언되지 않았다는 것을 상황에 따라 말할 수 있다.

　"예수님 탄생을 보면 태어나실 장소가 예언되었는데 지금의 팔레스타인 지역인 베들레헴 땅에서 태어난다고 예언되었으며(미 5:2/마 2:6), 동정녀인 처녀에게서 태어나시고(사 7:14/마 1:23), 또 이름까지 임마누엘(사 7:14/마 1:23)과 예수라는 이름으로 미리 예언되었습니다(마 1:21/마 1:25). 그리고 예수님께서 죽으실 때는 은 30냥에 팔리고(슥 11:12/마 26:15), 나무 십자가에 달리며(민 21:8-9/요 3:14, 19:18), 십자가 상에서 쓸개 탄 포도주를 마시게 되고(시 69:21/마 27:34), 십자가에서 죽으실 때 다리가 꺾이지 않으며(출 12:46, 시 34:20/요 19:33, 36), 부자의 묘실에 묻힌다고 예언되었습니다(사 53:9/마 27:57-60). 그리고 예수님이 3일 만에 다시 사신다는 부활에 대해서도 예언되었습니다(시 16:10, 호 6:2/막 16:6, 눅 24:6, 고전 15:4). 그런데 놀랍게도 예수님의 탄생, 죽음, 부활에 대한 예언들이 모두 실제로 이루어졌다는 사실입니다. 단 한 가지 아직 이루어지지 않은 것은 예수님께서 다시 오신다는 재림에 대한 예언입니다.

　두 번째 특징은 성경은 1500년이라는 긴 시간에 걸쳐서 쓰였으며 성경의 필자가 약 40명에 이른다는 사실입니다. 또한 저자의 직업도 신학자뿐만 아니라 왕, 국무총리, 군대장관, 의사, 세리, 목동, 어부

등 매우 다양합니다. 쓰인 장소도 이스라엘 땅인 아시아 지역뿐만 아니라 유럽, 아프리카 등 세 대륙에 걸쳐서 쓰였습니다. 언어도 히브리어, 헬라어, 아람어 등 여러 언어로 쓰였습니다. 그리고 66권이라는 개별 책들로 이루어졌습니다. 1500년이라는 긴 시간 동안 다양한 직업을 가진 40여 명의 필자에 의해 장소도 다르고 언어도 다르게 쓰여졌으며 66권이라는 개별 책들로 이루어졌지만 성경 전체 내용은 마치 한 사람이 쓴 것처럼 하나의 맥을 따르고 있습니다."

상황에 따라 다음과 같이 복음 전도로 들어갈 수 있다.
예1: "그 맥에 대해서 말씀드려 보겠습니다."

예2: "이것은 성경이 하나님의 영에 감동된 사람들에 의해 쓰였기 때문입니다. 즉 성경의 참 저자는 하나님이시며 성경은 하나님이 우리 인류를 사랑하셔서 쓰신 사랑의 편지입니다. 하나님이 죄악된 세상에서 우리를 구원하기 위해 예수 그리스도를 이 땅에 보내신 이야기입니다. 즉 예수님에 대한 이야기이며, 우리를 향한 하나님의 사랑 이야기입니다."
다시 다음 둘 중의 하나로 연결하면서 복음을 전할 수 있다.

예1: "그 하나님(예수님)을 소개하고 싶습니다."

예2: "그럼 하나님이 어째서 우리 사람들을 그토록 사랑하시는지
에 대해서 말씀드려 보겠습니다."

chapter 8

기독교는
독선적이에요

전도할 때 전도 대상자에게서 "종교가 대개 비슷하지 않나요? 다들 좋은 소리 하는데, 예수를 믿어야만 천국에 간다는 것은 너무 독선적인 것 같아요"라는 말을 종종 듣는다. 여기에 대한 배경을 보면 '산의 정상에 올라가기 위해서는 여러 길이 있는데 왜 이 길로만 가라고 하느냐?' 또는 '대부분의 종교가 죄짓지 말고 착한 일을 하라는 식의 좋은 말 일색인데 왜 꼭 기독교(예수)만 믿으라고 하느냐?'이다.

이 질문에 대한 대답도 긍정적으로 받으면서 시작한다.

"네, 그렇게 생각하시는군요. 선생님의 말씀에도 일리가 있는 것 같습니다. 선생님께서는 어느 산의 정상에 올라가려고 할 때 여러 길이 있듯이 기독교나 불교나 다른 종교가 다 비슷하다는 말씀이지요? 그리고 대부분의 종교가 죄짓지 말고, 자비를 베풀며 착한 일을 하라고 가르치는데 왜 꼭 교회에 나가고 예수님만 믿으라고 하느냐 이런 말씀이시지요?"

이렇게 전도 대상자의 말을 호응해 준 후 다음의 두 가지로 대답해 줄 수 있다.

타종교와 비교하면서
설명한다
◇◇◇

1. 시간이 별로 없는 경우

인류를 구원하기 위해 자기 목숨을 대속물(몸값)로 주신 분은 이 세상에서 예수님밖에 없다는 이야기를 한다(막 10:45).

"모든 종교가 다 비슷한 것 같지만 그렇지 않습니다. 해 아래 모든 사람은 죄를 지었고 그 죄 때문에 모든 사람이 사망에 이르게 되었습니다. 여기서 사망이란 단순히 목숨이 끊어지는 것뿐만 아니라 육체적 죽음 이후에 지옥에서 영원히 고통당하는 것을 의미합니다. 그런데 죄로 인해 죽어야 할 우리를 구원하기 위해, 우리의 죄 값을 치르기 위해 우리 대신 죽으신 분은 예수님밖에 없습니다. 부처님도 공자님도 훌륭하시지만 어떤 분도 우리를 위해 대신 죽지 않으셨습니다. 오직 예수님만이 인류의 죄를 담당하기 위해 십자가에서 죽으셨습니다. 다른 말로 표현하면 죄로 인해 죽을 수밖에 없는 우리의 몸값을 지불하기 위해 예수님이 대신 죽으신 것입니다. 이 몸값을 성경에서는 대속물이라고 하는데 예수님이 우리를 위해 대속물이 되어 주신 것입니다. 이것이 기독교가 다른 종교와 다른 이유입니다. 그렇다면 예수님은 왜 우리를 위해 대신 죽으셨을까요? 그 이유를 말씀드리겠습니다."

2. 시간이 넉넉한 경우(20~30분)

'구원의 확신' 질문을 접촉점으로 삼아 복음을 전할 수 있다. 이 경우 기독교가 독선적이라고 하는 전도 대상자에게 실제 기독교만큼 자비(은혜)의 종교도 없다는 것을 말해 줄 수 있다.

참고로 구원의 확신 질문은 여러 상황에서 사용할 수 있는데 첫째, 예수님을 영접한 사람에게 구원의 확신을 주기 위해 사용할 수 있고(241쪽 참조), 둘째, '구원의 확신' 질문을 접촉점으로 삼아 복음 전도로 들어갈 수 있다(144쪽 참조). 그러므로 '구원의 확신'에 대한 내용을 잘 숙지하면 전도에 많은 도움이 된다.

"선생님께서 기독교를 독선적이라고 했는데 실제 기독교처럼 자비의 종교도 없습니다. 제가 질문을 하나 드려 보겠습니다. 만일 이 건물이 무너져 선생님과 제가 지금 함께 죽었다고 가정해 봅시다. 그러면 선생님은 천국이나 극락에 들어갈 수 있다고 생각하십니까?"

많은 경우 들어갈 수 없다고 대답한다. 물론 천국이나 극락에 들어갈 수 있다고 대답하더라도 두 번째 질문을 한다.

"그럼 두 번째 질문을 드리겠습니다. 어떤 사람이 천국이나 극락에 들어갈 수 있다고 생각하십니까?"

이 경우 대부분의 사람들이 죄를 짓지 않거나 착한 일을 해야 한다고 대답한다.

"죄가 없거나 착한 일을 해야 천국에 갈 수 있다고 생각합니다."

"네, 그렇게 생각하시는군요. 그래요, 천국은 죄가 없는 완전한 사람이 가는 곳이 맞습니다. 그러나 천국은 착한 일을 한 사람이 들어가는 곳은 아닙니다.

우리 집에 망나니 같은 자식이 하나 있다고 생각해 봅시다. 내 자식은 밤 12시 또는 새벽 2~3시가 되어도 자기 마음대로 집에 들어옵니다. 그런데 옆집에 아주 착하고 봉사도 많이 하고 말도 잘 듣는 아이가 있다고 가정해 봅시다. 그 아이가 아무리 착할지라도 그 아이는 우리 집에 마음대로 들어올 수 없습니다. 밤중이나 새벽에 들어오려 하다가는 도둑으로 몰려 몽둥이로 맞을 수도 있습니다. 옆집 아이는 내 자식이 아니기 때문입니다. 내 자식이 우리 집에 들어오는 것은 부모님의 은혜 덕분입니다.

천국에 들어가는 것도 이와 같습니다. 성경을 보면, '너희는 그 은혜에 의하여 믿음으로 말미암아 구원을 받았으니 이것은 너희에게서 난 것이 아니요 하나님의 선물이라. 행위에서 난 것이 아니니 이는 누구든지 자랑하지 못하게 함이라'(엡 2:8-9)고 말씀하고 있습니다. 즉 천국은 내가 착한 일을 해서 들어가는 곳이 아니고 하나님의 은혜로 들어가는 곳입니다.

천국은 죄가 없는 완전한 사람이 가거나 또는 하나님의 은혜로 들어갈 수 있는데, 죄가 없는 완전한 사람은 이 세상에 없으므로 천국은 바로 하나님의 은혜로 들어가는 곳입니다. 이처럼 기독교는 독선적인 종교가 아닙니다. 오히려 자비와 은혜의 종교입니다. 천국에 들어가기 위해 어떤 고행이나 착한 일을 하거나 무슨 시험을 통과해야 하는 것이 아니라 오직 하나님의 은혜로 가기 때문입니다.

그런데 우리 아이가 새벽 2~3시에 귀가했는데 열쇠를 잃어버렸다고 합시다. 만일 열쇠가 없으면 집에 들어오지 못합니다. 아무리 자식이라도 열쇠는 반드시 갖고 있어야 합니다. 마찬가지로 하나님의 은혜로 천국에 들어가지만 반드시 갖고 있어야 할 열쇠가 있습니다"라고 말한 후 다음 두 가지 방법으로 결정적인 복음을 전한다.

예1: "이 열쇠에 대해서 말씀드리겠습니다"라고 한 후 복음을 전할 수 있다(제사나 불교를 믿는 사람에게 전할 때와 같다).

예2: "그 열쇠가 바로 예수님을 믿는 믿음의 열쇠입니다. 그렇다면 '꼭 예수님만 믿어야 하나? 부처님이나 공자님을 믿어도 되지 않나?'라고 생각할 수도 있습니다. 그럼 왜 예수님만 믿어야 하는가에 대해서 두 가지 예를 들어 말씀드리겠습니다.

첫째는 우리의 죄 값을 치르고 우리를 대신해 죽으신 분은 예수님밖에 없기 때문입니다. 부처님도 공자님도 훌륭하지만 어떤 분도 우리를 위해 대신 죽지 않으셨습니다. 오직 예수님만이 죄로 인해 죽을 수밖에 없는 우리의 몸값을 지불하기 위해 대신 죽으셨습니다. 이 몸값을 성경에서는 대속물이라고 하는데 예수님이 우리를 위해 대속물이 되어 주신 것입니다. 그래서 예수님을 믿어야 된다는 것입니다.

둘째는 아까 산의 정상에 올라가려면 여러 길이 있다고 했는데 맞습니다. 어느 길로 가더라도 성실하게 최선을 다해 끝까지 가다 보면 산의 정상에 도달할 수 있습니다. 그러나 우리 인생의 마지막 목표인 천국이나 극락은 단지 성실하고 착한 일을 한다고 해서 가는 곳이 아닙니다. 아까 말씀드린 것처럼 천국은 완전한 곳이기에 죄 없이 완전한 사람만이 갈 수 있습니다. 그런데 우리가 아무리 착한 일을 하더라도 우리에게 있는 죄가 없어지지는 않습니다.

예를 들어 보겠습니다. 호수에 누군가 독극물을 넣었다고 가정해 봅시다. 호수의 물을 계속 빼내고 새 물을 넣어도 호수에 녹아 있는 독이 완전히 없어지지는 않습니다. 단지 독이 희석될 뿐입니다. 많은 시간이 흘러 물을 마실 정도로 깨끗한 것처럼 보여도 호수 안에는 여전히 미량의 독이 남아 있습니다. 이처럼 우리 몸에 한번 노출된 죄는 영원히 없어지지 않습니다. 그래서 성경은 '모든 사람이 죄를 지었다'고 말씀하고 있습니다. 그러므로 죄가 있는 우리는 어떤 노력을 해도 천국에 들어갈 수 없습니다.

그렇다면 우리가 어떻게 해야 천국에 들어갈 수 있습니까?

천국에 갈 수 있는 방법이 하나 있습니다. 그것은 천국 문을 통과할 수 있는 비표가 있으면 가능합니다. 비표란 중요한 행사장에 들어갈 수 있도록 주최 측에서 발급해 주는 표입니다. 아무리 허술하게 보이는 사람일지라도 그 비표만 있으면 행사장에 들어갈 수 있습니다. 천국문도 비표가 있으면 통과할 수 있는데 그 비표가 바로 예수님이 우리의 죄 값을 치르기 위해 십자가에서 흘리신 피입니다. 비록 우리에게 죄가 있지만 하나님은 우리를 구원하기 위해 흘리신 예수님의 피(징표)를 보시고 우리를 죄가 없는 사람처럼 인정해 주시는 것입니다. 이것을 교회에서는 '의인화'라고 합니다.

　이처럼 십자가에서 흘리신 예수님의 피는 우리 죄 값을 치르는 대속물(몸값)이 되시고 우리를 의인화해 주는 비표입니다. 그래서 성경은 '예수님만이 곧 길이요 진리요 생명이니 예수님으로 말미암지 않고는 하나님께로 갈 자가 없느니라'(요 14:6)고 말씀하고 있으며, '다른 이로써는 구원을 받을 수 없나니 천하 사람 중에 구원을 받을 만한 다른 이름을 우리에게 주신 일이 없음이라'(행 4:12)고 말씀하고 있습니다. 그 예수님을 소개해 드리고 싶습니다."

chapter 9

조금 이따가(또는 죽기 전에)
믿을게요

복음을 전할 때 예수님을 금방 믿을 것처럼 말하면서도 영접하기를 주저하거나 나중에 믿겠다는 사람이 있다. 심지어 죽기 전에 믿으면 되지 않냐고 하는 분들도 있다. 전도 대상자들의 상황에 따라 다음을 참조해서 이야기해 주면 좋겠다.

어르신의

경우

◇◇◇

예1: 사람은 5분 후의 일도 모른다.

"선생님, '조금 이따가 믿겠다' 하는 것은 전적으로 선생님의 마음입니다. 어떤 분은 '죽기 전에 믿겠다'고 말하기도 합니다. 그러나 사람은 당장 5분 후에 일어날 일도 모릅니다. 오늘날 많은 사람들이 심장 혈관이 막히는 심근경색증으로 사망하고 있는데, 만일 5분 후에 심장 혈관이 막힌다는 것을 미리 안다면 스텐트 시술 등 조치를 취해서 죽음을 예방할 수 있을 것입니다. 수많은 교통사고 항공사고 해양사고 등도 마찬가지입니다. 그런데 앞으로 어떻게 될지 미래를 아는 사람은 아무도 없습니다. 우리가 확실히 아는 것이 하나 있는데 그것은 '사람은 죽는다'입니다. 성경은 '한번 죽는 것은 사람에게 정해진 것이요 그 후에는 심판이 있으리니'(히 9:27)라고 말씀하고 있습니다. 그러므로 죽음에 대해 미리 준비하는 것이 매우 중요합니다."

예2: 기차표

"기차를 타기 위해서는 기차표를 미리 사 놓고 기다려야 합니다. 기차가 오는 것을 보고 표를 사다가는 그 기차를 놓칠 수 있습니다. 마찬가지로 사람도 죽는 시점에 예수님을 믿으려고 하다가는 시간을 놓쳐 천국에 들어가지 못할 수 있습니다. 그래서 예수님도 미리 믿어야 합니다. 기차는 놓쳤더라도 다음 기차를 타면 됩니다. 하지만 인생은 다음 기회가 없습니다. 한 번 죽으면 그것으로 끝입니다. 그래서 죽음에 대해 미리 준비하는 것이 매우 중요합니다."

젊은 사람인
경우
◇◇◇

"목이 마르면 사람들은 물을 마십니다. 운동 후에는 물을 더 마시게 되지요. 그래서 마라톤 코스 중간중간에 선수들이 물을 마실 수 있도록 주최 측에서 생수를 준비해 놓습니다. 선수들은 '이 물을 마실까 말까' 하고 고민하지 않고 그냥 마십니다. 목이 마를 때 눈앞에 있는 생수를 마시면 시원해집니다. 예수님은 '너희가 마시는 물은 다시 목마르겠지만 내가 주는 물은 영원히 목마르지 않을 것이다'고 말씀하셨습니다. 또 '수고하고 무거운 짐 진 자들아 다 내게로 오라 내가 너희를 쉬게 하리라'고 말씀하셨습니다. 사람들은 술과 오락, 섹스, 마약 등으로 허전한 마음을 채우려 하지만 그것이 허전함을 채울 수 없다는 걸 잘 압니다. 이제 우리에게 영원한 생수를 주시고 참 쉼을 주시는 예수님께 나오시기 바랍니다."

"선생님, 손오공이 부처님 손바닥 안에 있었던 것처럼 우리 인생은 하나님 손바닥 안에 있습니다. (부처님 손바닥을 말할 때는 우측 손으로 좌측 손바닥을 가리키면서 말하고, 하나님 손바닥을 말할 때는 좌측 손으로 우측 손바닥을 가리키면서 말한다.) 손오공이 부처님한테 벗어나려다 매번 혼이 난 것처럼 우리 인생은 하나님 손(품)안에 있어야 가장 안전하고 행복합니다. 시간 끌수록 선생님만 손해 봅니다. 주저하지 마시고 이제 예수님 믿고 교회에 나가시기 바랍니다. '순간의 선택이 10년을 좌우한다'는 오래된 광고가 있지요. 그러나 '오늘의 선택이 선생님의 영원을 좌우하게 될 것'입니다."

chapter 10.

평생 믿은 종교를
어떻게 바꿔요?

어르신들을 전도하다 보면 "조금 이따가 믿겠다"와 함께 자주 듣
는 말이 "평생을 믿은 종교를 어떻게 바꾸겠는가"이다. 여기에는 두
가지 배경이 있다. 하나는 지금까지 믿어 온 종교를 나이 들어 굳이
바꿔야 하냐는 것이고, 다른 하나는 종교를 바꾸면 우환이 생기지
않을까 하는 염려다.

종교를 바꾸는 것이 부담스러운

어르신에게

◇◇◇

1. 오랫동안 믿은 종교를 굳이 바꿔야 하냐는 분에게

"그토록 오래 믿은 종교이기 때문에 바꾸기 어렵다고 하셨지요? 그래요, 어르신의 말씀도 일리가 있습니다. 그런데 내가 어떤 목적 지를 향하여 가고 있는데, 알고 보니 내가 가려는 목적지와 정반대 방향이라면 어떻게 해야 하나요? 빨리 돌이켜 목적지를 향해 가야 하지 않나요?

예를 들어, 서울에서 부산에 가려고 기차를 탔다고 합시다. 천안 역에서 승차한 사람이 내가 앉은 자리를 자신이 예매했다고 말합니 다. 자세히 알아보니 내가 탄 기차가 목포행 기차였습니다. 그렇다 면 나는 어떻게 해야 하나요? 그 기차를 계속 타고 가야 하나요? 빨 리 부산행 기차로 바꿔 타야 하지요. 만일 목포 가는 기차를 계속 타 고 가다가 저녁 늦게 지리도 잘 모르는 목포에 내린다면 얼마나 황 당하겠습니까. 이처럼 내가 믿고 있는 종교가 진짜가 아니고 기독교 가 참 진리라면 빨리 기독교로 바꿔야 하지 않나요? 기독교로 바꾸 는 것이 어렵지도 않습니다. 시험을 보는 것도 아니고, 어떤 행동을 해야 하는 것도 아닙니다. 단지 예수님을 믿기만 하면 됩니다. 집 나 간 자식을 애타게 기다리는 부모처럼 하나님께서도 선생님이 돌아오기를 기다리십니다."

2. 종교를 바꾸면 우환이 생길 수 있다고 염려하는 분에게

먼저 반대 질문 첫 번째에 나오는 '하나님이 눈에 보이지 않아 믿을 수 없다'를 참고하여 창조주 하나님, 전능하신 하나님에 대해서 말해 준다. 그리고 교회에 다니면서 하나님이 인도해 주시고 보호해 주셨던 자신이나 주변 성도의 간증을 들려주면 도움이 된다.

chapter 11

꼭 교회에
나가야 하나요?

어떤 사람은 예수님을 믿겠지만 집에서 혼자 조용히 신앙생활을 하겠다고 말하기도 한다. "혼자서도 착한 일 많이 하고 성경 읽으며 하나님 잘 믿으면 되지 않나요?"라고 말하는 것이다. 이들에게는 다음의 두 가지 내용을 이야기해 줄 수 있다.

사람은 완전하지 못함을
설명한다

◇◇◇

"선생님께서 '혼자서도 착한 일 많이 하고, 성경 읽으며, 하나님 잘 믿으면 되지 않나요?'라고 말씀하셨는데 우리가 왜 꼭 교회에 나가야 하는지 두 가지 이유를 들어 말씀드려 보겠습니다.

첫째, 사람은 완전하지 못합니다. 그래서 누군가의 도움이 필요합니다. 예를 들어, 갓 태어난 아기는 결코 자기 혼자 밥을 먹을 수 없습니다. 엄마나 보호자가 주는 젖이나 분유가 절대적으로 필요합니다. 엄마가 먹을 것을 주지 않으면 아이는 생존할 수 없습니다. 이처럼 갓 태어난 아기와 같이 영적으로 갓 태어난 사람도 신앙이 성장하기 위해서는 반드시 엄마의 젖과 같은 영적인 양식(영혼의 양식)이 필요한데 그것이 바로 주일에 교회에서 듣는 목사님 설교 말씀입니다. 그래서 자신의 신앙 성장을 위해 반드시 교회에 나가 말씀을 들어야 합니다.

어린이와 중고등학생들이 혼자 식사를 하다 보면 편식하게 됩니다. 편식하면 영양 불균형이 생겨 균형 잡힌 성장을 할 수 없습니다. 그래서 어린이와 중고등학생들에게는 부모 등 보호자의 도움이 필요합니다. 이처럼 어린아이나 청소년 상태의 신앙을 갖고 있는 분들은 반드시 교회에서 신학을 전문적으로 공부하신 전도사님이나 목사님의 도움이 필요합니다.

　마지막으로 성인입니다. 성인도 완전하지 못하기에 누군가의 도움이 필요합니다. 남편과 아내도 서로 도우며 살아야 합니다. 전문 산악인이 히말라야산을 오르기 위해서는 세르파의 도움이 필요합니다. 의사도 혼자 환자를 치료할 수 없습니다. 접수해 주는 사람, 간호사, 의료 기사 등 많은 사람의 도움이 필요합니다.

　이처럼 사람이 살아가기 위해서 누군가의 도움이 필요하듯이 신앙생활도 혼자 할 수 있는 것이 아닙니다. 반드시 교회의 도움이 필요합니다.”

성도는 함께해야 함을

설명한다

◇◇◇

교회의 머리는 예수님, 우리는 각 지체

“우리 성도는 혼자 존재할 수 없습니다. 예수님은 교회를 우리 몸으로 비유하셔서 머리는 예수님이고 몸의 각 지체는 성도 한 사람 한 사람이라고 하셨습니다. 교회를 떠나 혼자서는 그리스도인으로서 존재할 수 없습니다. 그러므로 교회에 꼭 나가야 합니다.”

　　그는 몸인 교회의 머리시라 그가 근본이시요 죽은 자들 가

운데서 먼저 나신 이시니 이는 친히 만물의 으뜸이 되려 하
심이요 골 1:18

우리가 한 몸에 많은 지체를 가졌으나 모든 지체가 같은 기
능을 가진 것이 아니니 이와 같이 우리 많은 사람이 그리스
도 안에서 한 몸이 되어 서로 지체가 되었느니라 롬 12:4-5

교회는 도움 받고, 도움 주는 공동체

"또한 성도는 함께할 때 서로 도움을 주고 받을 수 있습니다. 만일 손이 없다면 음식을 어떻게 입에 넣을 수 있을까요? 먹기 위해 입은 손의 도움이 필요합니다. 만일 발만 있고 눈이 없다면 어떻게 목적지까지 걸어갈 수 있을까요? 모든 지체는 서로 도움을 주고 받습니다. 이처럼 교회 안에서 모든 그리스도인은 서로 도움을 주고 받습니다. 교회 안에서뿐만 아니라 하나님의 사랑을 교회 밖으로도 전해야 하는데 나 혼자 누군가를 돕는 데는 한계가 있습니다. 교회 밖의 누군가를 돕기 위해서도 반드시 성도가 함께해야 합니다."

예수님의 새 계명

"또 다른 비유를 들어 말씀드리면, 부모는 자녀들이 서로 싸우지 않고 깊은 우애를 나누며 살면 그렇게 기쁠 수가 없습니다. 우리를

향한 하나님의 마음도 똑같습니다. 예수님이 믿는 성도들에게 새 계명을 주셨는데 그것은 바로 '서로 사랑하라'입니다. 서로 사랑하려면 예수님이 머리가 되시는 교회에 나가야 다른 성도를 사랑할 수 있습니다."

> 새 계명을 너희에게 주노니 서로 사랑하라 내가 너희를 사랑한 것같이 너희도 서로 사랑하라 너희가 서로 사랑하면 이로써 모든 사람이 너희가 내 제자인 줄 알리라 요 13:34-35

"교회의 머리 되시는 예수님을 중심으로 모든 그리스도인들이 서로 지체가 되어 한 몸을 이루기 위해, 또 교회 밖의 사람들에게 하나님의 사랑을 전하기 위해 반드시 교회에 나가야 합니다. 또한 예수님 안에서 교회 공동체를 이루라는 것은 예수님의 말씀(명령)이기도 합니다(롬 12:4-5, 고전 12:26-27)."

chapter 12

교회는 왜 그렇게
교파가 많나요?

'하나님과 예수님은 사랑이시다'라면서 교회가 왜 여러 교파로 분리되었느냐고 질문하는 사람이 더러 있다. 교회는 하나만 있어야 하지 않느냐면서 기독교는 사랑을 강조하는데 왜 그렇게 분열되었냐는 것이다.

하나님을 바라보는 시각이
다르기 때문이다

◇◇◇

"기독교 내에 많은 교파가 있는 것에 대해 궁금하시군요. 네, 충분히 그렇게 생각하실 수 있습니다. 선생님이 말씀하신 것처럼 기독교 안에는 여러 교파가 있는데 그 이유를 간단히 말씀드리겠습니다.

여러 교파가 있는 것은 하나님을 바라보는 신학자들의 시각이 다르기 때문입니다. 이해하기 쉽게 예를 든다면, 어느 가정에 많은 자녀가 있다고 생각해 봅시다. 아버지는 한 분이지만 자녀들이 아버지를 바라보는 관점이 서로 다를 수 있습니다. 어느 아이는 아버지를 119대원으로 생각합니다. 그 이유는 자신이 어려운 일을 만날 때마다 아버지가 잘 해결해 주기 때문입니다. 다른 아이는 아버지를 경찰관으로 생각합니다. 그 이유는 나쁜 아이들로부터 자신을 보호해 주기 때문입니다. 또 다른 아이는 아버지를 선생님으로 생각합니다. 그 이유는 자신이 풀지 못하는 어려운 문제들을 잘 가르쳐 주기 때문입니다. 또 어떤 아이는 자기가 아플 때마다 약을 주어 낫게 해 주는 아버지를 의사 같다고 생각합니다. 이렇듯 아버지는 한 분인데 자녀는 왜 각각 아버지를 다르게 이해할까요? 그것은 아버지를 바라보는 아이들의 시각이 자기가 경험한 것에 따라 다르기 때문입니다. 이처럼 교파가 많은 이유도 하나님을 바라보는 신학자들의 시각이 다르기 때문입니다.

또 다른 예를 들어 보겠습니다. 선생님은 혹시 수석전시회에 가 본 적이 있으신가요? 그곳에 가 보면 여러 모양의 돌들이 전시되어 있고 각각의 돌에는 실제 비슷한 사물의 이름이 쓰여 있습니다. 그런데 그중에는 '무제'라고 쓰여 있는 것이 있습니다. 그것은 보는 위치와 각도에 따라 돌의 모양이 다르게 보이기 때문에 어느 한 가지 이름을 붙이기 어려워서 그렇습니다. 같은 돌이지만 사람들이 어떻게 보느냐에 따라 다른 모습으로 보이는 것입니다. 이처럼 하나님은 한 분이지만 하나님을 바라보는 신학자들의 시각에 따라 다르게 표현될 수 있습니다."

더 자세한 것을 알기 원하면 다음의 내용을 참고해서 대답해 줄 수 있다.

1. 교단(교파)의 이름이 내포하는 뜻과 배경

"그럼 대표되는 교단들의 이름이 나오게 된 배경에 대해 간단히 말씀드리겠습니다.

장로교는 교회의 모든 조직과 행정을 어느 한 명이 결정하는 것이 아니고 회중의 위임을 받은 장로들에 의해 운영되고 있어 장로교라고 하였습니다. 어떻게 보면 상당히 민주적이지요. 가르치는 장로가 목사이고 행정을 보는 장로가 지금의 장로라고 생각하면 됩니다.

감리교는 영어로 'Methodism'인데 '규칙쟁이들'이라는 의미로, 그들이 성경공부와 신앙생활을 너무나도 규범에 맞게 성실하게 해서 주위 사람들이 별명으로 붙여 준 것이 그대로 교파 이름이 된 경우입니다.

성결교는 거룩하신 하나님처럼 예수님을 믿는 그리스도인도 거룩하고 성결해야 한다고 해서 붙은 이름입니다.

침례교는 기독교에 세례 의식이 있는데 세례를 받을 때 몸을 물속에 완전히 담근다(침례) 하여 붙은 이름입니다.

오순절교는 예수님이 십자가에서 죽으시고 3일 만에 부활하셨는데, 부활하신 날부터 50일(오순)째 되는 날에 하나님의 영인 성령님이 강림(하늘에서 내려오심)하신 것을 기념하여 오순절교라고 합니다."

2. 각 교파가 이해하는 하나님

"장로교는 사랑의 하나님을 강조하고 있는데요. 예를 들어, 부모는 자녀를 사랑해서 자녀의 미래에 대해 계획을 세웁니다. 장로교는 이와 마찬가지로 하나님도 우리를 너무나 사랑하셔서 우리의 미래를 예비하고 정해 놓으신다(예정론)고 보며, 이때 하나님의 사랑을 강조합니다.

감리교는 인격적인 하나님을 강조합니다. 하나님은 우리를 로봇으로 만드시지 않고 '지, 정, 의'의 마음을 주셔서 자유의지를 갖게 하셨습니다. 그래서 각자 자신의 의지에 따라 하나님을 잘 믿는 사람도 있고, 하나님을 떠나 하나님 마음을 애태우는 사람도 있습니다. 감리교는 집 나간 자식을 잠도 자지 않고 기다리는 부모처럼 하나님을 떠난 사람들이 회개하고 다시 돌아오기를 기다리시는 인격적인 하나님을 강조하고 있습니다(자유 의지론).

성결교는 거룩하신 하나님을 강조하고 있는데요. 교회가 성경의 가르침을 벗어나 약간 이성적인 면으로 흘러가고 하나님과 나 자신의 관계보다는 사회 참여에 비중을 두기 시작하자 개인의 구별된 신앙생활(성화, 성결)과 구원에 초점을 맞추며 거룩하신 하나님을 강조하고 있습니다.

침례교는 섬세하신 하나님을 강조하고 있는데요. 하나님은 우리 각 사람과 일대일로 교제하기 원하시며 각자의 결단을 중요하게 생각하십니다. 그래서 침례교는 신앙 결단을 할 수 없는 유아들에게는 세례(유아세례)를 주지 않습니다. 침례교는 우리 각자의 신앙고백을 듣기 원하는 섬세하신 하나님을 강조하고 있습니다.

오순절교는 축복의 하나님을 강조하고 있는데요. 오순절에 강림하신(하늘에서 내려오신) 하나님의 영인 성령님이 주시는 선물(은사)을 받아 확신에 찬 신앙생활을 하도록 가르치고 있습니다. 자녀에게 무언가 주기 원하는 부모처럼 복 주기를 기뻐하시는 하나님을 강조하고 있습니다.

이와 같이 성경에 나오는 중요한 단어나 어느 한 부분의 말씀, 예를 들어 장로, 감독, 성결, 침례, 은사 등을 강조해서 교파가 만들어졌으며, 내부적으로는 하나님의 성품 중 어느 한 부분, 즉 사랑의 하나님, 인격적인 하나님, 거룩하신 하나님, 섬세하신 하나님, 복 주시는 하나님을 강조하다 보니 교파가 생긴 것입니다. 그런데 성경 말씀에 비추어서 틀리지 않다면 그들은 서로를 향해 틀렸다고 말하지 않습니다. 그들은 나뉘었지만 싸우는 것은 아닙니다. 특별한 날(부활절)에는 함께 예배드리고 한마음으로 하나님께 기도합니다.

또 우리 몸을 비유로 말씀드린다면, 우리 몸에 많은 지체가 있지만 모든 지체가 같은 기능을 하는 것은 아닙니다(롬 12:4-5). 손과 발, 다리, 입, 눈 등이 서로 다른 각자의 기능을 하면서 우리 몸을 유지합니다. 만일 신체의 한 부분이라도 없어진다면 우리 몸은 매우 불편해집니다. 교회도 마찬가지입니다. 교회의 머리는 예수님이며 이 땅에 있는 모든 교회는 예수님의 지체와 같습니다.

큰 교회가 할 일이 있고 시골 교회가 할 일이 있으며, 사랑을 강조하는 교회가 하는 일이 있고 거룩을 강조하거나 복을 강조하는 교회가 할 일이 있습니다. 이 모든 교회가 예수님을 중심으로 하나가 되어 하나님의 뜻을 이루어 갑니다. 그래서 중요한 것은 교파가 아니라 하나님의 말씀인 성경입니다. 성경은 진리이며, 성경에서 흐르는 맥은 결코 변하지 않습니다.

그럼 그 맥에 대해서 말씀드려 보겠습니다."

(여기에 나오는 각 교파에 대한 내용은 교단의 분파를 부정적으로 생각하는 전도 대상자들이 이해하기 쉽도록 그들의 눈높이에 맞추어 쓰였으며, 각 교단이 지향하는 일부만 표현했음을 양해하기 바란다.)

가족이
반대해요

가족이 반대해서 교회에 나갈 수 없다는 사람들을 종종 만난다. 이 경우 가족이 교회에 나가는 것을 왜 반대하는지 그 이유를 알아서 각각의 상황에 따라 설명해 주는 것이 좋다. 가족이 교회에 나가는 것을 반대하는 원인에는 일반적으로 세 가지가 있다.

1. 교회에 나가면 나쁜 일(우환)이 생기지 않을까 하는 불안감에서 반대

이 경우 반대 질문 첫 번째를 참조해서 우주 만물을 창조하시고 인생의 생사화복을 주관하시는 '창조주 하나님', 모든 신 중의 신이신 '전능하신 하나님'에 대해서 이야기한다. 그런 다음 교회에 나가면 그 하나님이 보호자가 되어 주셔서 앞으로의 삶을 인도해 주시고 보호해 주실 것이라고 말한다. 그리고 힘들고 어려웠을 때 하나님이 함께 하시고 회복해 주신 자신이나 주변 성도의 간증을 들려주면 좋다.

2. 가족 중에 교회나 교인에 대해 좋지 않은 경험이 있는 경우

교인에게 사기를 당했거나 상처를 받은 경험이 있는 경우 반대하는데, 이럴 때는 반대 질문 네 번째에 나오는 '교회 안에도 장사꾼과 사기꾼이 있다'는 이야기를 들려주며 우리가 교회에 가는 목적은 위선자 같은 사람을 만나러 가는 것이 아니라 내 인생의 보물이며 영혼의 양식을 주셔서 나를 회복시켜 주시는 예수님을 만나러 가는 것이라고 이야기해 준다.

3. 전도 대상자가 교회에 나가면 가족과 가정에 소홀해질 것을 염려하는 경우

이 경우에는 하나님께서 세상에 주신 두 가지 선물이 있는데 하나는 가정이며 다른 하나가 교회라는 것을 말해 주고, 교회에 다니면 하나님이 만들어 주신 가정이 더욱 화목하게 되며 행복해질 수 있

다고 이야기한다. 이와 함께 기독교가 효의 종교임을 이야기해 준다
(135쪽 참조, 출 20:12, 엡 6:2-3).

다음의 성경 말씀들은 각각의 상황에 따라서 말해 주는 것이 좋겠다.

> 아내들이여 자기 남편에게 복종하기를 주께 하듯 하라 이
> 는 남편이 아내의 머리 됨이 그리스도께서 교회의 머리 됨
> 과 같음이니 그가 바로 몸의 구주시니라 그러므로 교회가
> 그리스도에게 하듯 아내들도 범사에 자기 남편에게 복종할
> 지니라 엡 5:22-24
> 남편들아 아내 사랑하기를 그리스도께서 교회를 사랑하시
> 고 그 교회를 위하여 자신을 주심 같이 하라 엡 5:25
> 네 아버지와 어머니를 공경하라 이것은 약속이 있는 첫 계
> 명이니 이로써 네가 잘되고 땅에서 장수하리라 엡 6:2-3
> 아비들아 너희 자녀를 노엽게 하지 말고 오직 주의 교훈과
> 훈계로 양육하라 엡 6:4

여러 번 강조하지만 모든 반대 질문에 있어서 전도 대상자들의 마
음 문을 열기 위해서는 희생과 사랑, 겸손으로 그들과 좋은 관계를
유지하는 것이 매우 중요하다.

part 4

최고의
행복을
전하자

chapter 1.

최고의
행복이란?

전도는 두 단계로 이루어진다. 전도 대상자의 마음 문이 열리는
단계와 열린 마음에 복음을 전하는 단계다. 이 둘 중 어느 단계가 더
중요하냐고 물어본다면 복음을 마무리하는 두 번째 단계라고 말하
고 싶다.

'최고의 행복'의

특징

◇◇◇

'최고의 행복' 전도지. 여러 나라 언어로 번역되어 귀하게 쓰임 받고 있다.

'최고의 행복'에는 몇 가지 특징이 있다.

첫째, 복음 전문이 '스토리텔링'으로 되어 있어 전도 대상자가 복음을 들을 때 쉽게 이해할 수 있다.

둘째, 단순히 성경 지식으로만 만들어진 것이 아니며 전도 현장에서 성공과 실패를 거듭하면서 만들어진 전도 tool(도구)이다.

셋째, 복음 전문은 4단계로 이루어져 있으며 부록 형식으로 '교회로의 인도'와 '구원의 확신'이 포함되어 있다.

넷째, 평안의 메시지가 있어 불안과 두려움 가운데 사는 현대인들에게 접근하기가 용이하다.

다섯째, 결신 단계에서 '믿음'을 3차원적인 의미인 '영접'으로 바꾸어 전하므로 전도 대상자의 결단을 돕는다.

여섯째, 도표를 그리면서 복음을 전할 때 전도 대상자의 집중력을 높일 수 있다.

일곱째, 전도지로 언제 어디서나 복음을 전할 수 있다.

여덟째, 한국산이다. 우리나라 사람의 눈높이에 맞추어져 있다.

'최고의 행복'의
구성

◇◇◇

'최고의 행복'의 내용은 다음과 같이 4단계로 구성되어 있다.

1. 하나님과 사람의 관계(창조)

2. 사람의 죄와 그 결과(타락)

3. 하나님의 사랑과 예수 그리스도(구속)

4. 사람이 해야 할 일(결신)

기본적인 성경 말씀은 10개의 구절을 인용하였다.

참고로 전도지는 8장으로 구성되어 있는데 첫째 장 하나님과 사람의 관계, 둘째 장 사람의 죄와 그 결과, 셋째 장 하나님의 사랑, 넷째

장 예수 그리스도(하나님의 사랑과 예수 그리스도를 나누었다), 다섯째 장 결신에 대한 하나님의 마음, 여섯째 장 예수님의 마음과 결신 질문, 일곱째 장 결신기도(영접기도), 마지막 여덟째 장은 교회로의 인도이다. 마지막 페이지에 있는 도표를 이용해서 복음을 전할 수도 있다.

'최고의 행복'의 접촉점

◇◇◇

1. 선생님은 언제 가장 행복하다고 생각하십니까?
   그 행복한 시간이 영원하다고 생각하시나요?
2. 그 외 접촉점(여러 상황별, 반대 질문)
   접촉점은 상황에 따라서 1번 또는 2번을 사용할 수 있다.

'최고의 행복'의 활용

◇◇◇

'최고의 행복'은 도표를 그리면서 전할 수도 있고, 전도지를 사용하여 전할 수도 있다. 도표를 그리며 전하는 경우에는 전도 대상자가 집중하여 들을 수 있다는 장점이 있으나 도표를 그릴 수 없는 장소에서는 한계가 있다.

전도지를 이용하는 경우는 언제 어디서든지 복음을 전할 수 있으며 전도지에 있는 그림을 가리키면서 전할 때 전도 대상자가 집중한다는 장점이 있다.

'전도지' 하면 생각나는 사람들이 있다. 도슨트(docent)다. 도슨트란 미술관이나 박물관에서 2차원의 그림이나 문화재를 일반인에게 3차원의 스토리로 설명해 주는 사람이다.

수년 전에 유럽 여행을 다녀왔다. 모나리자 등 유명 화가의 그림이 많다는 프랑스의 루브르박물관을 방문하게 되었다. 일정상 들른 것이라 나는 그냥 지나치듯이 그림을 둘러보고 있었다. 그런데 어느 그림 앞에서 안내자가 그림을 스토리텔링으로 설명하는데 아주 흥미로웠다. 이렇듯 2차원의 평면 그림을 3차원의 스토리로 설명할 때 그림이 훨씬 잘 이해되고 가깝게 느껴진다. 도슨트는 그림과 관람객을 연결해 주는 끈의 역할을 한다. 이처럼 누군가가 전도 대상자들에게 도슨트처럼 2차원의 평면 전도지를 하나님의 마음을 담아 3차원의 스토리로 전한다면 그들이 고개를 끄덕거리며 복음을 받아들일 것이다.

'최고의 행복' 전도지는 그림과 메시지(글)와 성경 말씀으로 이루어져 있다. 전도지 전도는 전도지에 있는 메시지(글)를 중심으로 전하거나 그림을 중심으로 전할 수 있으며 메시지(글)와 그림 모두를 사용하여 전할 수도 있다. 전도지에 수록된 성경 말씀은 메시지(글)와 그림을 전할 때 적절히 인용하여 함께 전한다.

어린이와 노인은 글씨(메시지)에 대한 집중력이 부족하므로 그림을 이용하는 것이 더 효과적일 수 있다. 어떤 경우든 최고의 행복 전문을 충분히 숙지하여 전도지에 있는 뼈대(글과 그림)에 복음('최고의 행복' 전문)의 살을 붙여 전한다면 전도 대상자로 하여금 고개를 끄덕거리며 듣게 할 수 있다.

chapter 2.

'최고의 행복'
전문과 전도법

다음은 '최고의 행복' 전문이다. 고딕체인 「   」내용을 빼면 기본 전문이 된다.

기본전문이 뼈대이며 여기에 살(「 」내용)을 붙인 것이 전문이다. 이 전문은 도표를 그리면서 전할 때 사용한다(254쪽 참조). 그러나 전도지를 사용하여 복음을 전할 때는 그림과 함께 설명하게 되므로 도표를 그리면서 전할 때와 표현이 약간 다르다.

1. 하나님과 사람의 관계

◇◇◇

"사람은 본래 하나님과 교제하며 행복하게 살도록 창조되었습니다.

성경(창 1:27)에는 '하나님이 자기 형상 곧 하나님의 형상대로 창조하시되'라고 말씀하고 있는데, 여기서 '자기 형상

대로 창조하셨다'라고 함은 사람으로 하여금 하나님과 교제하며 행복하게 살도록 창조하셨다는 것을 의미합니다.

(전도지를 사용할 때는 '사람과 하나님의 관계는 여기 보이는 그림처럼 사랑의 관계입니다'라는 표현이 들어갈 수 있다.)

「다른 말로 표현하면 하나님은 우리들(선생님)을 사랑하시며 우리들(선생님)이 행복해지기를(건강해지기를, 축복받기를, 회복되기를, 잘되기를) 원하시고 계십니다.

그럼, 창조주(절대자) 하나님께서 우리 사람들을 사랑하시는 이유는 무엇일까요?

그것은 부모가 자녀를 사랑하는 이유를 생각하면 쉽게 이해할 수 있습니다.

부모가 자녀를 사랑하는 이유는 무엇일까요?

그것은 내 자식이기 때문입니다.

옛말에 '씨도둑은 못한다'라는 말이 있습니다. 이것은 자식들이 부모의 어딘

가를 닮기 때문입니다. 부모의 겉모습을 닮기도 하고, 속(DNA)을 닮기도 하며, 혈액형을 닮기도 합니다. 그래서 부모는 자기 닮은 자녀들을 본능적으로 사랑합니다.

이처럼 하나님께서도 사람을 자기 형상(모습)대로 만드셨기 때문에 자신을 닮은 우리 사람들을 그토록 사랑하시는 것입니다. (이제 하나님이 우리 사람들을 왜 사랑하는지 그 이유를 아시겠지요?)

그럼, 나 같은 (죄 많은) 사람이 어떻게 하나님께 나아가 교제할 수 있을까요?

그것은 우리 사람에게 하나님의 형상이 있기 때문입니다.

예를 들어보겠습니다.

일반 사람들은 세계에서 가장 강한 나라인 미국 대통령 옆에 접근할 수도 없고 접촉할 수도 없습니다. 그런데 TV에서 보면 대통령의 자녀들은 대통령과 손도 잡고 포옹도 하며 식사도 함께합니다. 어째서 그럴까요? 그것은 그 자녀들에게는 바로 대통령의 형상이 있기 때문입니다.

또 다른 예를 들어보겠습니다.

선생님은 TV에서 '동물의 왕국'이라는 프로그램을 보신 적이 있으신가요?

거기에서 우리는 두 가지 모습을 볼 수 있는데요. 하나는 사자와 물소, 얼룩말 등 많은 동물들이 같은 형상끼리 무리를 지어 함께 살고 있는 것입니다. 또 하나는 어떤 동물도 사자가 있는 곳에는 가까이 가려고 하지 않습니다. 그것은 잡아먹힐지 모른다는 두려움 때문이지요. 그런데 새끼 사자들은 어미 사자의 꼬리를 물고 장난을 치며 평화롭게 지내는 것을 볼 수 있습니다. 새끼 사자가 그렇게 할 수 있는 것은 동물의 왕인 사자(어미 사자)의 형상을 지니고 태어났기 때문입니다. 이처럼 하나님의 형상대로 창조된 우리들도 하나님과 교제하며 행복하게 살도록 창조되었다는 것입니다.」

[참고]

마음 문이 열리면 복음을 어렵지 않게 받아들이는데, 마찬가지로 복음의 4단계에서도 첫 번째 단계인 '하나님과 사람의 관계'가 중요하다. 이 단계에서 전도 대상자의 마음 문이 열리면 나머지 단계인 결신까지 어렵지 않게 복음이 전파되는 것을 볼 수 있다.

'하나님과 사람의 관계'에서 핵심이 되는 말씀은 "하나님이 자기 형상 곧 하나님의 형상대로 사람을 창조하시되"(창1:27)다. '자기 형상'은 곧 하나님과 사람의 관계가 부모와 자녀의 관계가 될 수 있는 근거가 되며, 이로써 전도 대상자에게 '당신은 하나님의 자녀다'라는 정체성을 심어줄 수 있다.

2. 사람의 죄와 그 결과

◇◇◇

"그런데 사람이 하나님께 불순종하므로 죄를 지었고 그 결과 하나님을 떠나게 되었습니다.

(전도지를 사용할 때는 다음과 같이 표현이 다르다.

'그런데 사람이 하나님께

불순종하므로 죄를 지었고 하나님을 떠나게 되었습니다. 여기에 보이는 그림처럼 우리 사람과 하나님 사이의 관계가 분리된 것입니다. 하나님을 떠난 결과 우리 사람에게는 두 가지 현상이 나타났는데 불안과 두려움 그리고 사망이 오게 되었습니다.'

참고로 아래 나오는 전문의 내용을 상황에 따라 추가로 전할 수 있다.)

「죄의 특징 중 하나는 분리입니다. 즉 관계를 단절하게 하는 것이지요. 가장인 아버지가 사랑하는 가족과 화목하게 지내다가 죄를 짓게 되면 가족을 떠나 감옥에 가야 하는 것처럼 사람도 하나님께 죄를 지으면 하나님을 떠나게 됩니다.」

성경(롬 3:23)에는 '모든 사람이 죄를 범하였으매 하나님의 영광에 이르지 못하더니' 라고 말씀하고 있습니다.

「즉 '모든 사람이 죄를 지어서 하나님을 떠나게 되었다'라는 것입니다. 사실 죄보다 사람을 더 불행하게 만드는 것은 하나님을 떠난 것입니다. 만일 어느 자녀가 부모에게 불순종하여 죄를 지었다고 가정해 봅시다. 자녀가 자신의 죄를 고백하고 부모에게 용서를 빈다면 거의 모든 부모는 자녀의 죄를 용서해 줄 것입니다. 그런데 자녀가 용서를 구하지 않고 부모를 떠나 집을 나간다면 부모는 자기 마음대로 하는 자녀에게 벌을 내릴 것입니다. 즉 죄보다 부모를 떠나는 것이 자녀에게 더 큰 불행이라는 것입니다. 이처럼 사람도 죄를 지은 것보다 하나님을 떠나면 더 불행해집니다.」

하나님을 떠난 사람에게는 두 가지 현상이 나타났는데

첫 번째는 불안과 두려움입니다.

아이들은 부모와 함께 있으면 아무리 무서운 곳이라도 갈 수 있습니다. 그러나 부모가 곁에 없으면 자기 집에 있더라도 「집에 재미난 오락기나 TV가 있어도 또는 냉장고 안에 맛있는 음식이 가득 있어도」 불안과 두려움에 빠집니다. 「놀이 공원에서 부모와 함께 재미있게 놀다가도 부모가 곁에 없으면 불안과 두려움에 빠지게 됩니다.」

첫 번째 사람인 아담도 「완벽한 에덴동산에서」 하나님을 떠난 후 처음 느낀 감정이 두려움이었습니다(창 3:10).

이처럼 하나님을 떠난 사람에게는 「이 세상에서 아무리 좋은 것을 가지고 있어도」 불안과 두려움이 생깁니다.

두 번째는 사망입니다. 성경(롬 6:23)에는 '죄의 삯은 사망이요'라고 말씀하고 있습니다. 「여기서 삯이란 어떤 행위에 대한 대가를 말합니다. 직장인들이 한 달간 열심히 일을 한 후 그 대가로 월급을 받는데 이것이 바로 삯을 받는 것이지요. 이처럼 하나님께 죄를 지으면 그 대가로 사망에 이르게 되는 것입니다.」

여기서 사망이란 단순히 목숨이 끊어지는 것뿐만 아니라, 육체적 죽음 이후에 우리를 창조하신 하나님과 분리되어 지옥에서 영원히 고통당하는 것을 의미합니다."

3. 하나님의 사랑과 예수 그리스도

◇◇◇

하나님의 사랑

"하나님께서는 사람들의 이런 모습을 보시고 너무나도 안타까워하셨습니다.

(전도지를 사용할 때는 다음과 같이 표현이 다르다.

'하나님께서는 사람들의 이런 모습을 불쌍히 여기시고 예수 그리스도를 대속물로 이 땅에 보내셨습니다.')

하나님께서는 사람들의 이런 모습을
불쌍히 여기시고
예수 그리스도를 대속물로
이 땅에 보내셨습니다.

하나님은 사랑이심이라 _ 요한일서 4장 8절

먼저가 온 것은 섬김을 받으려 함이 아니라 도리어 섬기려 하고
자기 목숨을 많은 사람의 대속물로 주려 함이니라 _ 마가복음 10장 45절

성경(요일 4:8)에는 '하나님은 사랑이심이라'고 말씀하고 있습니다.

하나님은 사랑의 하나님이시기 때문에 사람들이 불행하게 되는 것을 원치 않으십니다.

그래서 예수 그리스도를 이 땅에 보내셨습니다.

그렇다면 예수님이 이 세상에 오신 목적은 무엇일까요?

예수님은 죽기 위해 오셨습니다. 성경(막 10:45)에는 '인자가 온 것은 섬김을 받으려 함이 아니라 도리어 섬기려 하고 자기 목숨을 많은 사람의 대속물로 주려 함이니라'고 말씀하고 있습니다. 여기서 대속물이란 '자유롭게 한다'는 뜻으로 어떤 사람의 빚이나 노예의 상태 또는 죄의 상태로부터 자유롭게 해주기 위해 대신 지불하는 대가입니다. 즉 몸값의 의미로 「아까 '죄의 삯은 사망이요'라고 했는데」 죄로 인해 죽어야 할 우리를 위해 예수님께서 대신 죽으신 것입니다. 이보다 더 큰 사랑이 어디 있겠습니까."

[참고]

예수님이 십자가에서 죽으신 사건을 '하나님의 사랑' 편에 넣었는데 이것은 로마서 5장 8절 "우리가 아직 죄인 되었을 때에 그리스도께서 우리를 위하여 죽으심으로 하나님께서 우리에 대한 자기의 사랑을 확증하셨느니라" 말씀을 근거로 한 것이다.

예수 그리스도

"예수님께서는 우리의 모든 죄 값을 치르기 위해 십자가에서 죽으시고 삼일 만에 부활하셨습니다. 그리고 우리에게 두 가지 선물을 주시기 원하십니다.

첫 번째는 평안입니다.

성경(요 14:27)에는 '평안을 너희에게 끼치노니 곧 나의 평안을 너희에게 주노라 내가 너희에게 주는 것은 세상이 주는 것과 같지 아니하니라 너희는 마음에 근심하지도 말고 두려워하지도 말라'고 말씀하시면서 세상이 주는 것과 다른 예수님 자신의 평안을 주신다고 하셨습니다.

「그렇다면 세상이 주는 평안과 예수님의 평안이 어떻게 다른가요?

세상에서는 돈과 권력, 명예가 있으면 행복이 온다고 생각합니다. 그래서 많은 사람들이 돈과 권력과 명예를 얻기 위해 노력을 합니다. 그러나 돈이 아주 많았던 분, 권력이 매우 높았던 분, 명예와 인기가 최정상까지 올라갔던 분들로 대표되는 이들이 힘들고 괴롭다고 스스로 생을 포기하고 이 세상을 떠난 예들을 볼 수 있습니다. 혹은 술과 오락, 섹스, 마약 등으로 자신의 허전함과 욕망을 채우려는 사람들도 있습니다. 그러나 어떤 것으로도 자기 마음을 만족시킬 수 없다는 것을 알게 됩니다.

그런데 예수님께서는 자신의 평안을 주신다고 말씀하셨습니다. 그렇다면 예수님의 평안은 무엇일까요? 예수님께서는 십자가에서 자신의 손과 발에 대못을 박는 사람들을 위해 '하나님 저들을 용서해 주소서. 저들은 자기들이 하는 것을 알지 못해서 그렇습니다'라고 용서의 기도를 하셨습니다.

즉 죽음의 현장, 고통의 현장에서도 원수를 미워하거나 저주하지 않고 오히려 용서하셨던 예수님은 분명 세상의 평안과는 다른 평안을 갖고 계셨던 것입니다. 예수님께서는 이처럼 어떤 환경에서도 변하지 않는 자신의 평안을 우리에게 주신다고 하십니다.」

두 번째는 생명입니다.

(전도지를 사용할 때는 '두 번째는 영생입니다'라고 말한다.)

성경(요 10:10)에는 '내가 온 것은 양으로 생명을 얻게 하고 더 풍성히 얻게 하려는 것이라'고 말씀하고 있습니다. 「여기서 양이란 우리 사람들을 의미합니다. 그렇다면 '나에게 이미 생명이 있는데 또 다른 생명이 있을 수 있는가?'라고 생각할 수 있는데, 맞습니다.」 여기서의 생명은 「육체적인 생명과 다른」 영원한 생명 즉 영생을 의미합니다.

예수님께서는 하나님을 떠나 불안과 두려움에 빠진 우리에게 평안을 주시고, 죄로 인해 죽을 수밖에 없는 우리에게 영생을 주시기 원하십니다."

4. 사람이 해야 할 일

◇◇◇

"선생님은 참 평안과 영생을 받고 싶지 않으십니까?

그럼 어떻게 하면 평안과 영생을 얻을 수 있는지 말씀드리겠습니다.

하나님의 마음

(전도지를 사용할 때는 다음과 같이 다르게 표현할 수 있다.

'선생님은 참 평안과 영생을 받고 싶지 않으십니까?

하나님께서는 지금 이 시간 선생님이 예수님을 영접하여

참 평안과 영생을 받기 원하십니다. 성경에는 '하나님이 세상을 이처럼 사랑하사 독생자를 주셨으니 이는 그를 믿는 자마다 멸망하지 않고 영생을 얻게 하려 하심이라'고 말씀하고 있는데요, 즉 나의 죄 값을 치르기 위해 십자가에서 죽으시고 부활하신 예수님을 믿으면 평안과 영생을 얻게 됩니다. 성경에서는 믿음을 영접이라고 하는데요, '영접하는 자 곧 그 이름을 믿는 자들에게는 하나님의 자녀가 되는 권세를 주셨으니'라고 말씀하고 있습니다. 사랑이 많으신 하나님께서는 지금 이 시간 선생님이 예수님을 영접하여 참 평안과 영생을 받기 원하십니다.')

「시골에 가면 기름을 직접 짜주는 기름집이 있습니다. 기름 짜는 기계에 깨를 넣고 쭉 짜면 엑기스인 기름이 나옵니다. 이처럼 성경을 쭉 짠다고 가정하면 엑기스와 같은 중요한 말씀이 나오는데 그 말씀이 바로 요한복음 3장 16절입니다.」

성경(요 3:16)에는 '하나님이 세상을 이처럼 사랑하사 독생자를 주셨으니 이는 그를 믿는 자마다 멸망하지 않고 영생을 얻게 하려 하심이라'고 말씀하고 있습니다.

즉 나의 죄 값을 치르기 위해 십자가에서 죽으시고 부활하신 예수님을 믿으면 평안과 영생을 얻게 됩니다. 성경(요 1:12)에서는 믿음을 영접이라고 하는데요, '영접하는 자 곧 그 이름을 믿는 자들에게는 하나님의 자녀가 되는 권세를 주셨으니'라고 말씀하고 있습니다.

그렇다면 영접이란 무엇일까요?

영접이란 귀한 분을 내 집에 모시고 극진히 환대하는 것을 말합니다.

사랑이 많으신 하나님께서는 지금 이 시간 선생님께서 「귀하신」 예수님을 영접하여 참 평안과 영생을 받기 원하십니다."

예수님의 마음

(전도지를 사용할 때는 전도지 내용을 직접 읽으면서 전할 수 있다.)

지금 예수님께서는
당신의 마음 문을 두드리고 계십니다.

이제 당신은 선택하셔야 합니다.
죄악 된 세상에서 불안과 두려움 가운데 살다가
죽은 이후에 지옥에서 영원히 고통을 당할 것인지,
아니면 예수님을 영접하여 참 평안과 영생을 얻을 것인지...

당신은 예수님을 영접하시겠습니까?

볼지어다 내가 문 밖에 서서 두드리노니
누구든지 내 음성을 듣고 문을 열면 내가 그에게로 들어가 그와 더불어 먹고
그는 나와 더불어 먹으리라. 요한계시록 3장 20절

"「그런데 귀한 분을 내가 초청한다고 해서 그분이 우리 집에 오실까요?

내가 대통령을 초청했다고 우리 집에 오실까요? 오지 않을 것입니다. 그러나 선거 때에는 대통령도 지지표를 얻기 위해 재래시장이나 골목 등 어디든지 가는 것을 볼 수 있습니다.

즉 귀한 분을 초청하려고 할 때 그들의 참석 여부는 그분들 마음에 달려 있는 것입니다.」

그렇다면 예수님의 마음은 어떠실까요?

성경(계 3:20)에는 '볼지어다. 내가 문 밖에 서서 두드리노니 누구든지 내 음성을 듣고 문을 열면 내가 그에게로 들어가 그와 더불어 먹고 그는 나와 더불어 먹으리라'고 말씀하고 있습니다.

지금 예수님께서는 「선생님 앞에 와 계십니다. 선생님께 들어가고 싶으셔서」 선생님의 마음 문을 두드리고 계십니다.

이제 선생님은 선택하셔야 합니다.

죄악 된 세상에서 불안과 두려움 가운데 살다가 죽은 이후에 지옥

에서 영원히 고통을 당할 것인지, 아니면 예수님을 영접하여 참 평안과 영생을 얻을 것인지.

선생님, 예수님을 영접하시겠습니까?"

"예."

결신 기도(영접 기도)

(도표 그리는 전문 내용과 전도지 내용이 같다.)

"참으로 중요한 결정을 하셨습니다.

이렇게 기도해 주십시오.

참, 선생님은 기도가 처음이니까 제가 도와드리겠습니다.

저를 따라서 한마디씩 기도해 주십시오.

하나님 아버지, 저는 죄인입니다. 저의 죄를 회개하오니 용서하여 주십시오.

예수님께서 저의 죄 때문에 십자가에서 죽으시고 부활하신 것을 믿습니다.

지금 이 시간 제 마음에 들어오셔서 저의 구원자와 주님이 되어 주십시오.

「이제부터 제 삶을 인도해 주시고 보호해 주십시오.」

예수님의 이름으로 기도합니다. 아멘"

* 교회로의 인도

◇◇◇

(도표 그리는 전문 내용과
전도지 내용이 같다.)

"선생님은 지금 예수님을
영접하여 하나님의 자녀가 되
었습니다.

가까운 교회에 나가셔서 하
나님 말씀을 듣고 기도하며

당신은 지금 예수님을 영접하여
하나님의 자녀가 되었습니다.

가까운 교회에 나가셔서
하나님의 말씀을 듣고 기도하며
하나님과 함께
행복한 삶을 누리십시오.

하나님과 함께 행복한 삶을 누리십시오. 선생님 사시는 동네가 어디
신지요? 선생님 사시는 지역에 좋은 교회가 있는데 제가 소개해 드
리겠습니다."

1. 교회에 꼭 나가야 되는 이유

갓 태어난 아기에게는 부모나 양육자의 도움이 반드시 필요하듯
이 영적으로 갓 태어난 사람도 누군가의 도움이 필요하다. 그 일을
하는 곳이 교회다. 그래서 전도 대상자를 전도한 후 교회로 인도하

는 것은 매우 중요하다. 다음의 두 예는 전도 대상자가 예수님을 영접하였으나 교회로 연결되지 않아 이단에 빠진 경우다.

예1: 고혈압 환자인 50대 흡연자가 있었다. 담배가 혈압에 나쁜 영향을 미치기에 복음을 전하고 싶었다. 그 환자분은 복음을 받아들이고 예수님을 영접한 후 '집에서 가까운 교회에 나가겠다'고 약속하고 헤어졌다. 그로부터 2개월 정도 지나 병원에 내원했기에 교회에 잘 다니고 있는지 물어보니 "원장님 덕분에 교회에 잘 나가고 담배까지 끊었습니다"라고 대답했다. 너무나 좋아서 자세히 물어보니 그 전도 대상자는 경상도에 있는 이단에서 운영하는 수련원에 가서 한 달간 합숙하고 온 것이었다. 그곳에서는 주로 채식으로 먹고 담배도 필 수 없었다고 한다. 후에 나는 몇 개월을 전도했고, 그분은 현재 건강한 교회에 다니고 있다.

예2: 오래전부터 불교를 믿던 환자가 있었다. 많은 고난을 통해 마음 문이 열린 것을 보고 복음을 전하자, 예수님을 영접했다. 그런데 이 전도 대상자 역시 교회와 연결하지 않고 예수님만 영접한 것으로 기뻐하며 만족했는데 나중에 알고 보니 정통 개신교 교단이 아닌 다른 곳에 다니고 있었다. 안타깝게도 그분은 아직 교회로 돌아오지 않고 있다. 나는 그분을 볼 때마다 계속 복음을 전하고 있다.

이 두 예에서 보듯 예수님을 막 영접한 사람들은 정통 교단과 이단을 구분하지 못한다. 그래서 이들을 교회까지 연결하는 것은 매우 중요하다. 다음 내용은 예수님을 영접한 후 왜 교회에 나가야 하는지를 잘 설명하고 있다.

"선생님이 왜 교회에 꼭 나가야 하는지 말씀드리겠습니다. 이제 선생님은 예수님을 영접하여 하나님의 자녀가 되었는데 하나님의 음성이 들리거나 예수님이 보이십니까?"

"아니오."

"당연합니다. 갓 태어난 아기가 엄마 아빠를 알아보지 못하듯이 선생님도 영적으로 갓 태어난 아기와 같기 때문에 하나님을 알아볼 수 없는 것이 당연합니다. 그러나 아기가 6개월 정도 지나면 낯가림을 하면서 엄마 아빠를 알아보기 시작하지요. 그 기간 동안 아기는 잘 먹고 잘 잡니다. 즉 엄마 아빠를 알아보기 위해서는 잘 먹고 잘 자는 시간이 필요합니다. 이처럼 선생님이 하나님을 알기 위해서는 영적으로 잘 먹고 잘 자는 시간이 필요합니다. 영적으로 먹는 것, 즉 영혼의 양식을 성경 말씀이라고 말하고요, 영적으로 자는 것, 즉 영혼의 호흡을 기도라고 합니다.

그런데 아기가 태어나자마자 스스로 밥을 먹습니까? 그렇지 않습니다. 갓 태어난 아기는 엄마가 주는 모유를 먹습니다. 그러다가 어느 정도 시간이 지나야 밥을 먹게 됩니다. 이처럼 선생님도 처음에는 영혼의 양식인 성경 말씀을 혼자 먹을 수(볼 수) 없습니다. 아기가 처음에 모유를 먹듯이 선생님도 교회에 나가 영혼의 양식인 성경 말씀을 먹어야 하는데 그것이 바로 교회에서 목사님이 하시는 설교 말씀입니다. 그렇기 때문에 선생님의 신앙이 성장하기 위해서는 반드시 젖과 같은 목사님의 설교 말씀을 들어야 합니다. 이제 선생님이 교회에 왜 나가야 하는지 아시겠지요?"

2. 기도하는 법 소개

시간이 더 있으면 기도에 대해서도 이야기해 준다. 기도 순서는 일반적으로 회개를 먼저 한 후 감사 기도를 드리는데, 전도 대상자가 새신자이기에 회개보다 감사 기도를 먼저 하도록 순서를 바꾸었다. 기도 내용은 전도 대상자에 따라서 더 좋은 표현으로 바꿀 수 있다.

"영혼의 호흡인 기도도 함께해야 합니다. 아기가 자가호흡을 하듯이 기도 역시 선생님 혼자 하는 것입니다. 그런데 선생님은 기도가 처음이니까 어떻게 해야 하는지 알려드리겠습니다.

첫 번째는 '하나님 아버지'라고 기도합니다. 아까 '영접하는 자 곧 그 이름을 믿는 자들에게는 하나님의 자녀가 되는 권세를 주신다'고 했는데 이제 선생님은 예수님을 영접하셨기 때문에 하나님의 자녀가 되었습니다. 그러므로 '하나님 아버지'라고 부르는 것입니다.

두 번째는 '감사합니다'라고 기도합니다. 똑같은 자식이라도 부모님께 감사하는 자식에게 무엇이라도 더 주고 싶은 것이 부모의 마음입니다. 이처럼 하나님도 감사하는 사람을 매우 좋아하십니다. 예를 들면 오늘 하나님의 자녀가 된 것을 감사드리고, 가족이나 내 주변 상황을 생각하면서 감사거리를 찾으면 감사할 내용이 많이 떠오를 것입니다.

세 번째는 '용서해 주세요'라고 기도합니다. 성경에서는 하지 말아야 할 것을 하는 것뿐만 아니라 해야 할 일을 하지 않는 것도 죄라고 말씀하고 있습니다. 그래서 사람은 순간순간 죄를 짓습니다. 그때마다 하나님께 용서를 구하는 것입니다.

네 번째는 '도와주세요'라고 기도합니다. 즉 필요한 것을 구하는 것입니다. 사람들은 도와달라는 것만이 기도라고 생각할 수 있는데, 위에 있는 세 가지를 먼저 기도한 후 도와달라고 하는 것이 좋습니다.

마지막 다섯 번째로는 '예수님의 이름으로 기도합니다. 아멘'이라고 합니다. 예수님의 이름으로 기도하는 것은 예수님이 우리의 죄값을 치르기 위해 십자가에서 죽으심으로 하나님과 우리 사이를 다시 회복시켜 주셨기 때문입니다. 또한 하나님은 예수님의 이름으로 기도하면 응답해 주신다고 했기 때문입니다. 그리고 '아멘'은 '지금까지 드린 기도를 이루어 주세요'라는 뜻입니다. 교회에서 목사님이나 누군가가 대표로 기도할 때 나중에 모두 '아멘'이라고 하는데 이때의 의미도 '저분의 기도에 동의합니다. 이루어 주세요'라는 뜻입니다."

* 구원의 확신

◇◇◇

전도를 하다 보면 과거 교회에 다녔는데 지금은 다니지 않는다는 사람들을 종종 만난다. 그들의 이야기를 들어 보면 교인들에게 상처를 받았거나, 이사를 여기저기 다니다 보니 나중에는 교회에 적응하지 못해, 가족이 반대해서 등 여러 이유로 교회에 다니지 않고 있다고 한다. 그들 중 많은 이들이 구원의 확신이 없는 것을 알게 되었다. 구원의 확신이 없다 보니 교회를 쉽게 떠나는 게 아닌가 하는 생각이 든다. 교회를 다니는 사람 중에도 구원의 확신이 없는 사람들이 있다. 다음 내용이 이런 분들에게 구원의 확신을 주는 데 도움이 될 것이다. 먼저 두 가지 '구원의 확신 질문'으로 시작한다.

1. 구원의 확신 질문

첫 번째 질문은 '지금 이 시간에 죽는다면 천국에 들어갈 수 있느냐?'이고, 두 번째 질문은 '천국은 어떻게 해야 들어갈 수 있느냐?' 다른 말로 '천국은 어떤 사람이 들어간다고 생각하느냐?'이다.

"그럼 마지막으로 질문을 드려 보겠습니다. 선생님은 이제 예수님을 영접하여 하나님의 자녀가 되었습니다. 그런데 만일 이 건물이 지금 무너져 저와 선생님 모두 죽었다고 가정하면 선생님은 천국에 들어갈 자신이 있습니까?"

여기서 죽는 것에 대해 전도 대상자만 지정하여 질문을 하면 전도 대상자가 자신의 죽음에 대해 묻는 것이기 때문에 기분이 나쁠 수 있다. 그래서 전도자인 나와 전도 대상자 모두가 죽는다고 질문하는 것이 좋다.

"아닙니다. 저는 천국에 갈 자신이 없습니다."

"네, 그렇군요. 그럼 질문을 하나 더 드리겠습니다. 그렇다면 어떤 사람이 천국에 들어갈 수 있다고 생각하십니까?"

"착한 일을 많이 하고 죄를 짓지 않은 사람이 천국에 들어간다고 생각합니다."

구원의 확신에 대한 이야기는 '하나님의 은혜와 믿음' 그리고 '나의 정체성'으로 이루어진다.

1) 하나님의 은혜와 믿음

"네, 그렇게 생각하시는군요. 그런데 천국은 착한 일을 한다고 들어가는 곳이 아닙니다. 예를 들어, 우리 집에 망나니 같은 자식이 있다고 해 봅시다. 그 아이는 밤 12시가 넘어도, 새벽 2~3시가 지나도 자기 마음대로 우리 집에 들어올 수 있습니다. 아이가 새벽 3-4시까지 들어오지 않으면 부모는 노심초사 자녀를 걱정합니다. 그런데 옆

집에 아까 선생님이 말한 대로 아주 착하고 봉사도 많이 하는 아이가 있다고 가정해 봅시다. 하지만 옆집 아이가 아무리 착할지라도 그 아이는 우리 집에 마음대로 들어올 수 없습니다. 밤중이나 새벽에 들어오려 하다가는 도둑으로 몰려 몽둥이로 맞을 수도 있습니다. 왜 그럴까요? 그것은 우리 아이는 내 자식이고 옆집 아이는 내 자식이 아니기 때문입니다. 내 유산도 나중에는 망나니 같은 그 자식이 다 가져갑니다. 그래서 자녀들은 부모님께 '부모님의 은혜'라는 표현을 씁니다. 즉 내 자식이 우리 집에 들어오는 것은 부모님의 은혜 덕분입니다.

천국에 들어가는 것도 이와 같습니다. 천국도 사람이 착한 일을 해서가 아니라 하나님의 은혜로 들어가는 것입니다. 성경에는 '너희는 그 은혜에 의하여 믿음으로 말미암아 구원을 받았으니 이것은 너희에게서 난 것이 아니요 하나님의 선물이라 행위에서 난 것이 아니니 이는 누구든지 자랑하지 못하게 함이라'(엡 2:8-9)고 말씀하고 있습니다. 즉 천국은 하나님의 자녀들이 하나님의 은혜로 들어가는 곳입니다.

그런데 우리 아이가 새벽에 집에 들어오려는데 열쇠를 잃어버린 겁니다. 열쇠가 없으면 아무리 내 자식이라도 집에 들어올 수 없습니다. 마찬가지로 천국도 하나님의 은혜로 들어가지만 우리가 반드시 갖고 있어야 할 열쇠가 있습니다. 그 열쇠가 바로 믿음의 열쇠입니다. 예수님께서 나의 죄 값을 치르기 위해(내 몸값으로) 십자가에서 죽으시고 부활하셨다는 사실을 믿는 믿음, 다른 말로 표현하면 예수님이 나의 구원자요 주님이라는 사실을 믿는 믿음의 열쇠입니다."

2) 나의 정체성

"천국은 착한 일을 해서 가는 곳이 아니고 하나님의 은혜로 하나님의 자녀가 들어가는 곳이라는 또 다른 예를 들어 보겠습니다.

어느 김씨 집에 아기가 태어났다고 합시다. 많은 친척들이 아이의 탄생을 축하하기 위해 왔습니다. 새 생명이 태어났기에 그 집에는 잔치가 벌어졌습니다. 그러나 갓 태어난 아기는 이런 상황을 결코 알지 못합니다. 엄마 아빠가 누구인지도 모릅니다. 그래도 부모는 그 아기가 자신의 자녀임을 잘 압니다. 아기를 축복해 주러 온 친척들도 아기가 그 부모의 자식인 것을 압니다. 아기는 부모를 아직 잘 모르지만 부모 집에서 살아갑니다. 김씨 집의 자녀이기 때문입니다.

이처럼 선생님도 영적으로 갓 태어난 아기와 같기 때문에 지금 하나님을 알아보지 못할 것입니다. 그러나 하나님이나 천사들이나 모두 선생님이 하나님의 자녀인 것을 압니다. 김씨 집 아이가 김씨 집에 마음대로 들어갈 수 있듯이, 이 건물이 무너져 지금 죽는다 할지라도 선생님은 하나님의 자녀이기에 천국에 들어갈 수 있습니다.

이처럼 천국은 내가 착한 일을 했다고 해서 가는 곳이 아닙니다.

천국은 하나님의 은혜로 하나님의 자녀들이 가는 곳입니다. 이제 다시 한 번 묻겠습니다. 지금 이 순간 이 건물이 무너져서 저와 선생님이 죽는다고 한다면 선생님은 천국에 갈 자신이 있습니까?”

“네.”

마지막으로 축복기도를 해 주고 헤어진다.

＊ 축복기도

◇◇◇

“선생님 제가 마지막으로 선생님을 위해 기도하고 싶습니다. 하나님께 꼭 기도하고 싶은 것이 있으면 말씀해 주십시오.

‘하나님 아버지, 오늘 선생님을 만나게 해 주셔서 감사합니다. 선생님과 선생님의 가정을 축복해 주시고 선생님의 삶을 인도해 주십시오. 지금 선생님께서 ＿＿＿을 원하고 있습니다. 하나님께서 선생님의 마음의 소원과 기도를 들어주십시오. 감사드리며 예수님의 이름으로 기도합니다. 아멘.”

＊ 구원의 확신 질문에 대한 네 가지 답

◇◇◇

구원의 확신 두 가지 질문(첫째 천국에 들어갈 수 있다고 생각하느냐?, 둘째 어떻게 해야 천국에 들어간다고 생각하느냐?)에 대한 대답은 네 가지 유형으로 나오는데 각각에 대해 다음과 같이 설명할 수 있다.

1. 아니오/착한 일을 해야: 이 경우가 가장 많이 나오는 대답이다. 위의 내용으로 이야기해 준다.

2. 네/착한 일을 해야: 위의 내용으로 이야기해 준다.

3. 네/믿음으로: 기존 신자의 대답이지만 요한복음 3장 16절로 재확인해 준다.

4. 아니오/믿음으로: 예수님을 영접했지만 본인이 믿음이 없다고 생각하는 경우이므로 '구원의 확신' 내용에서 '하나님의 은혜'를 강조하고 '나의 정체성' 부분을 잘 설명해 준다. 그리고 예수님을 영접하였으므로 믿음의 씨앗이 심긴 상태임을 말해 주고 교회에 나가 목사님 설교 말씀을 들으면 믿음이 자란다는 이야기를 해 준다(요 1:12, 롬 10:17).

복음을 전할 때
알면 도움이 되는 것들

복음 전문 암송

복음 전문을 암송하면 복음을 전할 때 매우 유익하다. 그렇다고 복음 전문을 토씨 하나 틀리지 않고 외워 그대로 전한다면 마치 책을 읽는 것과 같은 느낌이 들고, 듣는 전도 대상자도 왠지 불편할 수 있다. 그렇다면 복음 전문을 암송하는 이유는 무엇인가? 그것은 암송한 복음, 마음 밭에 잘 심긴 복음을 전도 대상자에게 자연스럽게 전하기 위함이다. 전도 대상자에게 전체 흐름을 이해할 수 있도록 전하는 것이다. 그러면 많은 경우 전도 대상자는 고개를 끄덕이면서 듣는다.

예수님 영접 부분에서 쉽게 결단하지 못하는 경우

복음을 전하다 보면 예수님을 영접하는 부분에서 "갑자기 영접하라고 하니까 잠깐 생각해 봐야 할 것 같아요" "조금 이따가 하면 안 되나요?" 등 여러 가지 이유로 결신을 주저하는 사람들을 본다. 이때 다음과 같이 하면 결단하는 데 도움이 된다.

"영접이 어렵지 않습니다. 교회에서는 영접을 기도라고 하는데요, 기도는 세 가지 내용으로 구성되어 있습니다.

첫째는 내가 죄인임을 고백하는 것이고요,

둘째는 예수님이 죄인인 나를 구원하기 위해 십자가에서 죽으시고 부활하셨다는 것을 믿고 고백하는 것이며,

셋째는 나를 구원하신 예수님이 이제부터는 내 안에 들어오셔서 나를 인도해 주시고 보호해 달라는, 즉 나의 주님이 되어 달라고 기도하는 것입니다.

선생님은 기도가 처음이니까 제가 도와드리겠습니다. 저를 따라서 한마디씩 기도해 주십시오"라고 말한 후 영접기도를 전도 대상자와 함께한다. 이때 전도자의 기도 내용(문장)이 전도 대상자가 따라하지 못할 정도로 너무 길지 않도록 주의한다.

"죄가 너무 많아 시간이 필요하다"면서 영접을 미루는 경우

다음의 예화를 들면서 전할 수 있다.

예1: "맞습니다. 선생님은 죄가 있어서 선생님 스스로 구원을 받을 수 없습니다. 그래서 하나님은 천국의 영생을 선생님에게 선물로 주시려는 것입니다. 그렇다면 하나님은 그렇게 중요하고 귀한 것을 왜 우리에게 선물로 주시려는 걸까요? 그것은 두 가지 이유가 있습

니다. 첫째는 우리 사람이 죄가 있어 스스로 구원할 수 없기 때문이며, 둘째는 부모가 자녀를 본능적으로 사랑하듯이 하나님은 우리 사람을 자신의 형상대로 만드신 후 우리를 자녀로 삼으셔서 본능적으로 사랑하시기 때문입니다. 죄 많은 사람은 우리 스스로를 깨끗하게 할 수 없습니다.

예를 들어 보겠습니다. 어느 지하에 불 꺼진 어두운 방이 있다고 합시다. 그 방은 아무리 오랜 시간이 흘러도 자기 힘으로는 어두움을 스스로 밝힐 수 없습니다. 그러나 누군가 어두운 방에 촛불을 켜는 등 불을 밝히면 그 방은 밝아집니다. 선생님도 빛 되신 예수님을 영접할 때 평안과 영생의 빛이 찾아오게 됩니다."

예2: "다른 예를 들어 보겠습니다. 부모님이 자녀가 원하는 선물을 주려고 하는데 자녀가 그 선물을 거절한다면 부모 마음이 얼마나 아플까요? 신장 기능이 망가져 신장 이식 수술을 받아야 할 자녀가 있다고 합시다. 엄마가 콩팥을 주려고 하는데 '엄마, 나는 엄마 속을 너무나 썩여서 그 콩팥을 받을 자격이 없습니다' 하면서 거부한다면 엄마의 마음이 얼마나 아플까요. 이처럼 선생님이 영생의 선물을 거절하면 사랑의 하나님도 마음이 매우 아프실 것입니다."

예화 1과 2를 적절히 사용한 후 앞의 내용과 같이 "영접이란 어렵지 않습니다. 교회에서는 영접을 기도라고 하는데요, 기도는 세 가지 내용으로 구성되어 있습니다. 첫째는…"이라고 말하며 영접을 권유한다.

"나는 죄가 없다"는 사람을 만났을 때

복음을 전하다 보면 '모든 사람이 죄를 지었다'(롬 3:23)는 말을 하게 된다. 이때 전도 대상자가 "나는 죄가 없는데요?" 하면 어떻게 해야 할까?

오래전에 전도 훈련을 받던 중 노방전도를 했을 때 '나는 죄가 없다'는 사람을 만난 적이 있다. 그때 나는 더 이상 할 말을 잃고 복음의 메시지를 전하지 못했다. 지금도 그때를 생각하면 그 전도 대상자에게 미안하고 안타깝다. 다음 내용을 숙지하면 '죄가 없다'는 사람을 만났을 때 지혜롭게 얘기해 줄 수 있다. 죄를 '마음으로 짓는 죄' '사랑하지 않은 죄' '유전 죄'의 세 가지로 분류해 보았다.

마음으로 짓는 죄

"나는 죄가 없는데요?"

"아, 그렇게 생각하시는군요. 그런데 성경에서는 '모든 사람이 죄를 지었다'(롬 3:23)고 말씀하고 있습니다. 그럼 성경에서 말하는 죄에 대해서 말씀드려 보겠습니다.

죄란 정해진 룰(rule)이나 법, 그리고 기준을 어기는 것입니다. 그런데 죄의 기준은 나라마다 다릅니다. 예를 들면, 간통죄가 우리나라에선 2015년 2월에 폐지되었습니다. 그러나 이슬람권 국가에서는 지금도 간통죄를 중범으로 다스려 사형을 시킵니다. 한편, 우리나라 운전자들이 일본에 가면 교통법규를 쉽게 어길 수 있습니다. 운전대가 우리나라와 달리 오른쪽에 있기 때문입니다. 그래서 '로마에 가면 로마의 법을 따르라'는 말이 있지요.

이처럼 나라마다 죄의 기준이 다르듯이 하늘나라(성경)에서 죄의 기준은 이 세상 것과 다릅니다. 이 세상의 죄는 눈에 보이는 것으로 기준 삼습니다. 즉 살인, 강도, 도둑질, 성폭행, 성추행 등 행동으로 드러난 것이 죄가 됩니다. 만일 마음속으로만 생각하고 계획했다면 그것은 죄가 아닙니다. 그러나 성경은 그런 마음만 품어도 죄가 된다고 말씀하고 있습니다. 즉 살인하려는 마음, 강도짓 하려는 마음, 도둑질하려는 마음, 성추행하고 싶은 마음, 그리고 시기, 질투, 미움, 욕심을 품어도 죄라고 말합니다. 그러니 마음으로 짓는 죄에서 자유로운 사람이 어디 있겠습니까?"

만일 전도 대상자가 이 부분에서 죄가 없다고 하면 다음 두 번째로 넘어간다. 두 번째 이야기는 도입 부분 2개 중 상황에 따라서 하나만 선택할 수 있다.

사랑하지 않은 죄

1. "하나님은 우리가 지켜야 할 10가지 계명을 주셨습니다. 예수님은 이것을 두 가지 계명으로 요약하셨는데 '네 마음을 다하고 목숨을 다하고 뜻을 다하여 주 너의 하나님을 사랑하라 하셨으니 이것이 크고 첫째 되는 계명이요 둘째도 그와 같으니 네 이웃을 네 자신같이 사랑하라'입니다."

2. 성경에서는 하지 말아야 할 것을 하는 것도 죄이지만, 해야 할 일을 하지 않는 것도 죄라고 말합니다. 해야 할 일 중에서 가장 중요한 계명은 사랑인데 '네 마음을 다하고 목숨을 다하고 뜻을 다하여 주 너의 하나님을 사랑하라 하셨으니 이것이 크고 첫째 되는 계명이요 둘째도 그와 같으니 네 이웃을 네 자신같이 사랑하라'고 하셨습니다."

1 또는 2로 말한 뒤 다음으로 넘어간다.

"선생님은 마음을 다하고 목숨을 다하고 뜻을 다하여 하나님을 사랑하고 있습니까? 나도 그렇게 하나님을 사랑하지 못하고 있습니다. 내 이웃을 내 몸처럼 사랑하는 것도 못합니다. 이 세상에서 이처럼 완전한 사랑을 하는 사람이 어디 있겠습니까. 이런 사랑을 하지 않는 것도 계명을 어기는 것이므로 죄가 되는데 이 사랑하지 않은 죄에서 자유로운 사람이 어디 있겠습니까?"

여기서도 죄를 짓지 않았다고 말한다면 다음의 세 번째 이야기를 들려준다.

유전 죄

"네, 선생님은 참으로 정의롭고 사랑도 많으시군요. 그럼 선생님 께서는 유전이 무엇인지 아시지요? 유전이란 자신의 의지와 관계없 이 부모에게 물려받는 것입니다. 예를 들어 독사에게는 턱 주위 침 샘(독샘)에 독이 있는데, 독사 새끼들은 자신이 원치 않아도 태어날 때부터 독샘을 갖게 됩니다. 전갈도 마찬가지입니다. 전갈에는 꼬리 에 독샘이 있는데 전갈 새끼들도 자신의 의지와 관계없이 태어날 때 부터 꼬리에 독샘을 갖고 나오지요. 부모가 얼굴이 검은데 아이가 하얀 얼굴을 갖고 싶다고 해서 하얀 얼굴로 태어나는 게 아닙니다. 싫어도 검은 얼굴로 태어나지요. 이것을 유전이라고 합니다. 그런데 성경에서는 죄도 유전된다고 합니다. 성경에서는 첫 사람 아담의 죄 가 모든 사람에게 유전되었다고 말씀하고 있습니다(롬 5:12). 내가 죄 없이 태어나고 싶다고 죄 없이 태어나는 것이 아닙니다. 그래서 성 경은 '모든 사람이 죄를 지었다'(롬 3:23)고 말씀하고 있습니다."

chapter 3

최고의 행복
도표 그리기를 통해 전도하기

1. 종이를 다음과 같이 두 번 접는다(대화를 하면서 종이를 접는다).

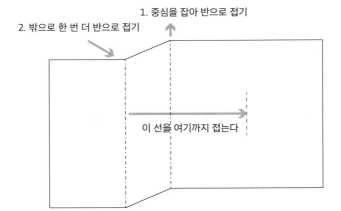

1. 중심을 잡아 반으로 접기

2. 밖으로 한 번 더 반으로 접기

이 선을 여기까지 접는다

2. 위에서 1/4 정도에 가로줄을 긋고, 가운데 중앙에서 아래로 두 개의 세로줄을 긋는다.

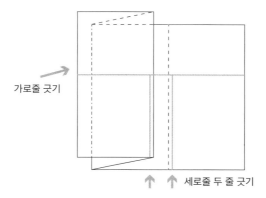

가로줄 긋기

세로줄 두 줄 긋기

3. 자신의 이름을 먼저 이야기한 후 좌측 상단에 쓰고, '이 도표는 끝나고 선생님께 주려고 한다'면서 대상자의 이름을 물은 후 자신의 이름 위에다 상대방의 이름을 쓴다.

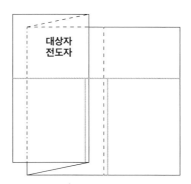

대상자
전도자

4. 사람과 하나님(창 1:27), 교제

"사람은 본래 하나님과 교제하며 행복하게 살도록 창조되었습니다"라고 말하며 가로줄 위에 '사람'과 '하나님'이라고 좌우에 쓴 후 곧이어 중앙에 '교제'라고 쓴다.

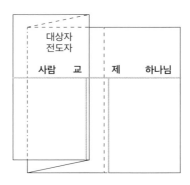

5. 죄

"그런데 사람이 하나님께 불순종하므로 죄를 지었고 그 결과 하나님을 떠나게 되었습니다"라고 말하면서 종이를 펼친 후 중앙 아래에 '죄'라고 쓴다.

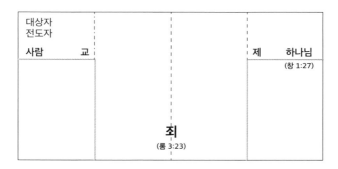

6. 죄에 동그라미 그리기

"성경에는 '모든 사람이 죄를 범하였으매 하나님의 영광에 이르지 못하더니'라고 말씀하고 있습니다" 하면서 강조하는 의미로 '죄'에 동그라미를 그린다.

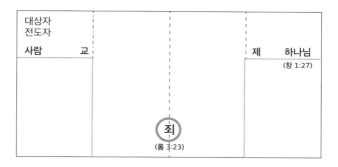

7. 불안과 두려움

"하나님을 떠난 사람에게는 두 가지 현상이 나타났는데, 첫째는 '불안'과 '두려움'입니다"라고 말하면서 좌측 가로줄 아래에 '불안과 두려움'이라고 쓴다.

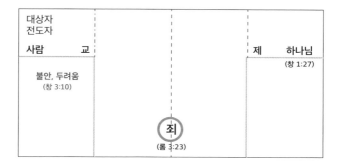

8. 사망

"둘째는 '사망'입니다" 하면서 '불안과 두려움' 아래에 '사망'이라고 쓴다.

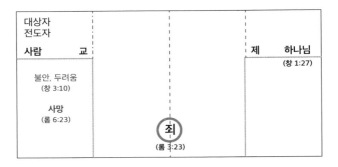

9. 사랑

"그런데 성경에는 '하나님은 사랑이심이라'고 말씀하고 있습니다"라고 말하면서 가운데 공간 가로줄에 해당하는 위치 바로 위에다 '사랑'이라고 쓴다.

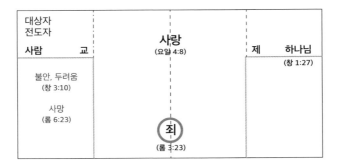

10. 예수 그리스도

"하나님은 사랑의 하나님이시기 때문에 사람들이 불행하게 되는 것을 원치 않으십니다. 그래서 하나님께서 예수 그리스도를 이 땅에 보내셨습니다"라고 말하면서 '↓'를 그리고 '예수 그리스도'라고 쓴다.

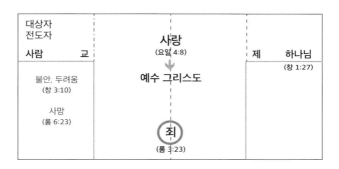

11. 대속물

"예수님은 죽기 위해 오셨습니다. 성경에는 '인자가 온 것은 섬김을 받으려 함이 아니라 도리어 섬기려 하고 자기 목숨을 많은 사람의 대속물로 주려 함이니라'고 말씀하고 있습니다"라고 말하면서 '예수 그리스도' 두 칸 아래에 '대속물'이라고 쓴다.

12. 죄 X표

"예수님은 우리의 모든 죄 값을 치르기 위해"라고 말하면서 죄 위에다 X 표를 친다.

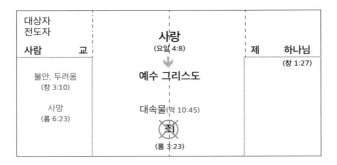

13. 십자가 그리기

"십자가에서 죽으시고 3일 만에 부활하셨습니다"라고 말하면서 십자가를 하나님 쪽에서부터 그린다. 십자가 가로에는 예수 그리스도를 포함시키고, 세로에는 사랑부터 아래 죄 X표까지 포함시킨다.

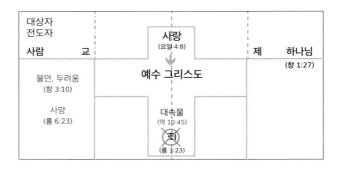

14. 평안

"그리고 우리에게 두 가지 선물을 주기 원하십니다. 첫 번째는 평안입니다"라고 말하면서 우측 가로줄 아래에 '불안과 두려움'과 대비되는 위치에 '평안'이라고 쓴다.

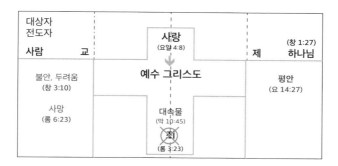

15. 생명(영생)

"두 번째는 '생명'입니다"라고 말하면서 평안 아래에 사망과 대비되는 위치에 '생명'이라고 쓴다.

"여기서 생명은 영원한 생명, 즉 영생을 의미합니다"라고 말하면서 생명 옆에 '(영생)'이라고 쓴다.

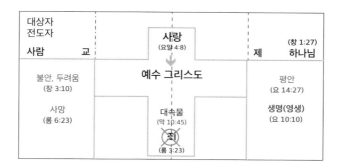

16. 믿음

"하나님이 세상을 이처럼 사랑하사 독생자를 주셨으니 이는 그를 믿는 자마다 멸망하지 않고 영생을 얻게 하려 하심이라"고 말하면서 '믿는 자마다'를 한 번 더 강조한 후 '예수 그리스도'와 '대속물' 사이에 '믿음'이라고 쓴다.

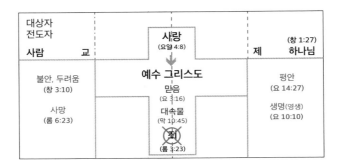

17. 영접

"성경에서는 믿음을 영접이라고 하는데요"라고 말하면서 '믿음' 옆에 부호 '='를 그리고 '영접'이라고 쓴다.

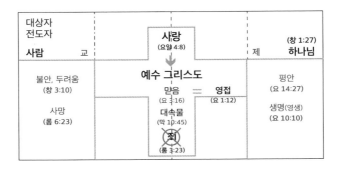

18. 자녀

"영접하는 자 곧 그 이름을 믿는 자들에게는 하나님의 자녀가 되는 권세를 주셨으니"라고 말하면서 영접 옆에 부호 '='를 그리면서 '자녀'라고 쓴다.

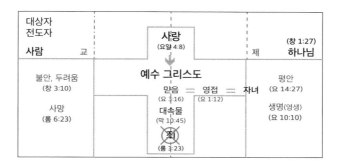

19. 복음을 다 전한 후 대상자와 헤어질 때 이 종이를 준다.

며칠 전 퇴근길에 지역 교회 목사님에게 문자가 왔다.

"장로님, OOO 씨 주일에 나와서 등록했습니다. 오늘은 집에 가서 예배드리고 왔습니다. 불상도 치우고 가져왔습니다. 감사드립니다."

OOO 씨는 3개월 전에 우리 병원에 왔다가 복음을 듣고 예수님을 영접한 후 그의 집에서 가까운 교회에 등록한 사람이다. 그는 밤에 술과 관련된 일을 하고 있었는데 예수님을 영접하기 전에 두 사건이 있었다. 하나는 한 달 전부터 속이 거북해서 검사했더니 위에서 암이 발견되었다는 것이고, 다른 하나는 술에 취한 상태에서 폭행 사건에 연루되어 경찰서에서 조사를 받게 된 것이었다. 암수술을 앞둔 그는 폭행 사건이 조속히 해결되기를 바랐다.

그런 그에게 나는 복음을 전했다. 직업이나 환경을 보면 교회에 다닐 것 같지 않았지만 그는 복음을 받아들였고 예수님을 영접했다. 집에 불상을 모시고 있었는데 그 불상을 치우면 우환이 온다는 말을 들어서 어떻게 해야 할지 모르겠다고 하기에 나는 교회에 나가면 목사님이 다 알아서 해결해 주실 것이라고 말해 주었다.

　그 후 그가 등록한 교회의 목사님에게 위의 문자를 받게 된 것이다. 그가 예수님을 영접하고 교회에 나가더니 집에 있던 불상을 치운 것을 보면서 전도에 대해 다시 한 번 생각하게 되었다.

　전도는 사람의 능력으로 하는 것이 아니라 성령님이 하신다. 나에게는 결코 이런 능력이 없다. 나는 단지 하나님 말씀에 순종하여 전도의 도구로 사용될 뿐이다. 그렇기에 전도자는 항상 겸손해야 한다.

　　　오직 성령이 너희에게 임하시면 너희가 권능을 받고 예루
　　　살렘과 온 유대와 사마리아와 땅 끝까지 이르러 내 증인이
　　　되리라 하시니라 행 1:8

　　　내 말과 내 전도함이 설득력 있는 지혜의 말로 하지 아니하
　　　고 다만 성령의 나타나심과 능력으로 하여 고전 2:4

또한 전도(영혼 구원)는 하나님이 가장 기뻐하시는 일이다. 목사님이 보내 주신 문자를 보고 말로 표현할 수 없는 기쁨을 느꼈다. 아마 내 안에 계신 성령 하나님이 기뻐하셨기 때문일 것이다. 영혼 구원(전도)을 가장 기뻐하시는 하나님은 우리가 이 일에 순종하여 나아오길 원하신다. 또한 순종하고 나아오는 우리의 모습을 보시고 매우 기뻐하신다.

> 내가 너희에게 이르노니 이와 같이 죄인 한 사람이 회개하면 하늘에서는 회개할 것 없는 의인 아흔아홉으로 말미암아 기뻐하는 것보다 더하리라 눅 15:7

이 책을 보고 독자는 내가 전도를 대단히 잘하는 사람이라고 생각할지도 모르겠다. 하지만 나는 결코 그런 사람이 아니다. 축구 경기에서 선수들을 가르치고 작전을 짜는 감독과 운동장에서 직접 볼을 차는 선수 중 과연 누가 축구를 잘할까? 당연히 선수들이 볼을 잘 찬다. 그렇다. 내 주위에는 나와 비교할 수 없을 정도로 열정적으로 전도하는 권사님과 집사님이 많다. 나는 단지 전도학교와 전도콜센터에서 사역하는 그들을 도울 따름이다. 물론 나도 전도에 대한 거룩한 부담감으로 매일 고민하는 사람 중의 하나다. 그래서 나는 내 사역지인 병원에서 날마다 111 전도를 하기 위해 기도하고 애를 쓴다.

끝으로 나처럼 부족한 사람에게 책을 다시 쓰게 하시고 전도한 지난날을 생각나게 하시며 전도의 다양한 열매를 맺게 해 주신 하나님께 감사드린다. 한 영혼이 돌아오기를 간절히 바라시는 하나님 아버지께 모든 영광을 돌린다.